Rob Parsons

Nach Hause geliebt

Eine Ermutigung nicht nur für Eltern

Rob Parsons

Nach Hause geliebt

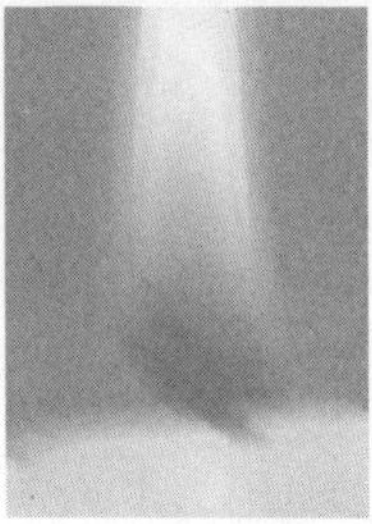

Eine Ermutigung
nicht nur für Eltern

Schulte & Gerth

Die englische Originalausgabe erschien im Verlag
Hodder & Stoughton
unter dem Titel »Bringing Home the Prodigals«.

Aus dem Amerikanischen übersetzt von Marion Achenbach.

Originally published in English under the title
»Bringing Home the Prodigals.«

Alle Bibelzitate wurden, soweit nicht anders angegeben,
der Gute Nachricht Bibel entnommen.

Best.-Nr. 815 909
ISBN 3-89437-909-X
1. Auflage 2004
Umschlaggestaltung: Michael Wenserit
Umschlagfoto: Mauritius
Satz: Die Feder GmbH, Wetzlar
Druck und Verarbeitung: Ebner & Spiegel, Ulm
Printed in Germany

Inhalt

Für Sheron Rice, die zwölf Jahre lang
gemeinsam mit mir gearbeitet hat
und der ich mehr Dank schulde,
als ich mit Worten ausdrücken könnte.
Du bist eines der Geschenke Gottes an mich.

Und für meinen Freund Rhys Williams.
Ich hoffe, dass du dir deine Träume erfüllst.
Behalte deinen Glauben.

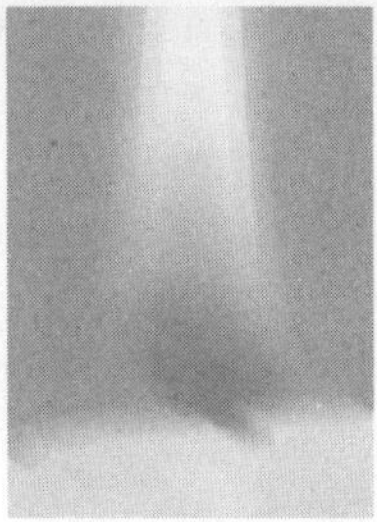

Einleitung

Lass immer ein Licht brennen

Einen Teil dieses Buches schrieb ich in einem kleinen Konferenzzentrum an der *Gowerküste* in der Nähe von *Swansea*. Das Gebäude steht auf einem Hügel. Aus meinem Fenster hatte ich einen unbeschreiblich schönen Ausblick, der über die Felder und Wälder reichte bis hin zu dem Meer, das in der großartigen Bucht von *Oxwich Bay* liegt. Eines Morgens unterbrach ich meine Arbeit und ging vor das Haus. Ich schaute in die Ferne auf die Wellen, die am Strand aufschlugen. Nach einigen Minuten gesellte sich ein Priester zu mir. Er war mit der traditionellen, langen, schwarzen Soutane bekleidet und hatte einen dichten, grauen Bart. An den Füßen trug er das, was meine Kinder »Jesuslatschen« nennen würden. Er leitete eine Diskussion in einem der Seminarräume und erklärte, er habe die Teilnehmer mit einigen theologischen Denkaufgaben zurückgelassen, über die sie sich den Kopf zerbrechen sollten, und sei hinausgegangen, um ein wenig frische Luft zu schnappen.

Wir fingen an, uns zu unterhalten, und er fragte mich, was ich hier tat. Als ich ihm erklärte, dass ich gerade ein Buch über die verlorenen Söhne und Töchter schrieb, erzählte er mir eine sehr bewegende Geschichte. Ich will versuchen, mich an seine Worte zu erinnern und sie hier wiederzugeben:

> *In einem Dorf ganz in der Nähe steht ein großes, altes Haus. Eine ältere Dame lebt dort allein. Jeden Abend, wenn es dunkel wird, macht sie im Dachgeschoss das Licht an. Ihr Sohn hatte vor fünfundzwanzig Jahren das Haus verlassen, ungefähr wie der verlorene Sohn in dem Gleichnis, aber sie hat niemals die Hoffnung aufgegeben, dass er eines Tages wieder zurückkommen wird. Das Haus ist uns allen gut bekannt, und obwohl die Glühbirne von Zeit zu Zeit gewechselt werden muss, hat keiner von uns das Haus jemals ohne ein brennendes Licht gesehen. Es brennt für ihren Sohn.*

Überall auf der ganzen Welt habe ich mit Eltern um ihre verlorenen Kinder geweint. Das inbrünstigste Gebet, das heute gebetet wird, ist: »Vater, bring unsere verlorenen Kinder wieder nach Hause.« In dem vorliegenden Buch habe ich mich auf diejenigen konzentriert, die Kinder – egal welchen Alters – haben, die verloren sind. Aber natürlich sind nicht immer die Kinder die Verlorenen. Manchmal ist es auch der Bruder, die Schwester, der Ehemann, die Ehefrau oder Freunde. Ich hoffe von ganzem Herzen, dass Sie, wer auch immer Ihnen nun besonders am Herzen liegt, in diesem Buch etwas finden werden, das Ihnen Mut macht und das Ihre Flamme der Hoffnung am Brennen hält.

Dieses Buch soll nicht in erster Linie ein Ratgeber sein, obwohl ich Sie an dem teilhaben lassen will, was ich von den vielen Menschen gelernt habe, die für die, die sie lieben, inniglich zu Gott beten. Ich hoffe, dass es ein Buch wird, das von falschen Schuldgefühlen befreit, Hoffnung bringt und vor allem ins Gebet führt. Am Ende jedes Kapitels finden Sie ein Gebet und einen kurzen Text zum Nachdenken – jeweils von Menschen geschrieben, die um einen Verlorenen geweint haben und die zu der Überzeugung gelangten, dass letzten Endes Gott unsere einzige Hoffnung ist. Ganz zum Schluss des Buches werden wir unsere Verlorenen vor das Kreuz Christi bringen.

Ich gebe aber zu, dass ich beim Schreiben dieses Buches nicht nur an die Eltern, Familienangehörigen oder Freunde der Verlorenen gedacht habe. Ich glaube nämlich, dass auch viele von uns, die einer christlichen Gemeinschaft angehören, ihr Herz auf diesem Gebiet überprüfen sollten. Wir alle haben es den Verlorenen gelegentlich leicht gemacht fortzugehen. Wir haben sie aus dem Gedächtnis gestrichen, als sie gingen, und, was das Traurigste ist, wir haben es ihnen schwer gemacht, wieder nach Hause zu kommen. Im schlimmsten Fall haben wir uns wie der ältere Bruder in dem Gleichnis verhalten. Aber wir können uns ändern. Wir können das Herz des Vaters bekommen, das er für die Verlorenen hat, die unvergleichliche Gnade dessen, der uns schon entgegenläuft, während wir uns noch stolpernd auf dem Nachhauseweg befinden, der uns einen Mantel um die Schulter legt, einen Ring an unseren Finger steckt und unsere Füße mit Schuhen bekleidet. Und wenn wir uns verändern, wenn wir uns von dem Vaterherz

Gottes anstecken lassen, dann kann es sein, dass er in seiner großen Güte das Leben von Tausenden unserer Verlorenen berührt und sie nach Hause bringt.

In Liebe, dein Vater

Als es dunkel wurde,
als die Sterne hervorkamen,
als die Wolken sich verzogen,
als die Luft kalt wurde,
als die Welt still war,
saß ich im Gras und machte mir Gedanken
darüber, wer ich war und was ich tat.
Und ich fürchtete mich.
Ich machte mir Gedanken über meine Fehler,
wie unachtsam ich Menschen verletzt hatte,
wie grausam ich denen gegenüber war,
die ich liebte.
Hilfe suchend schaute ich zu den Sternen
und ich ertappte mich dabei, wie ich Gott
um Vergebung bat.
Still saß ich da und lauschte auf alles,
doch ich hörte nichts.
Dann berührte mich Gott; er richtete mich auf.
Ich lief nach Hause und fand eine Notiz,
eine Nachricht an der Tür:
»Ich vergebe dir, mein Kind. In Liebe, dein Vater.«

Von einem siebzehnjährigen Jungen
(sein erstes Gedicht)

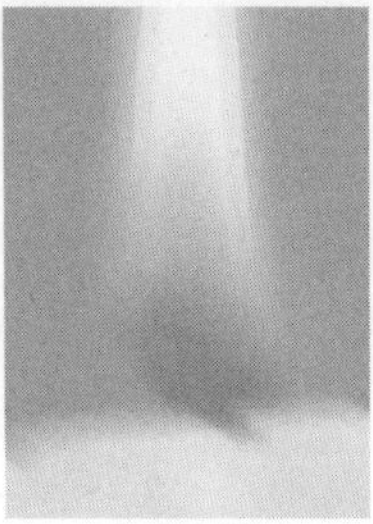

Kapitel 1

Wer sind die Verlorenen?

Das Gleichnis des verlorenen Sohnes ist zwar schon zweitausend Jahre alt, aber die Szene wiederholt sich Tag für Tag neu in Häusern überall auf der Welt, wo Tausende, Mütter und Väter, bis in die frühen Morgenstunden aufbleiben und auf die Heimkehr ihrer Kinder warten. Sie wiederholt sich dort, wo in den Schlafzimmern der Kinder das erste Mal Drogen gefunden werden, sie spiegelt sich wider in den Tränen, dem Schmerz und in der puren Enttäuschung über zerschlagene Hoffnungen und in dem Ausruf: »Was haben wir bloß falsch gemacht?«

Es ist eine moderne Geschichte. Vielleicht ist es *unsere* Geschichte, denn mit Sicherheit gibt es keine Familie, die gefeit wäre vor Situationen, in denen sie ihre Kinder unter Tränen vor Gott bringen muss – wie gottgefällig auch immer sie sein mag, wie erfahren die Eltern in der Kindererziehung auch sind und wie groß die Liebe untereinander auch sein mag.

Dieses simple Gleichnis wurde einmal als die beeindruckendste Kurzgeschichte der Welt bezeichnet. Es ist die Geschichte von dem Jungen, der seinem Vater das Herz brach und es dennoch nicht schaffte, die Liebe zu zerstören, die sein Vater für ihn empfand. In unserer modernen Kultur ist es schwierig, die volle Auswirkung dessen zu begreifen, was dieser junge Mann getan hat. Er wollte sich nicht nur die Hörner abstoßen. Er drehte vielmehr allem den Rücken zu, was er von seinem Vater, der Gesellschaft und in seiner ganzen Erziehung gelernt hatte. Er wartete den Tod seines Vaters nicht ab, um sein Erbe zu erhalten, wie es nach alter Tradition der östlichen Gemeinschaft üblich war. Er wollte alles sofort haben. Im Wesentlichen sagte er damit: »Ich wünschte, du wärst schon tot.«

Der Junge bekam sein Geld und ging »in ein fernes Land«, wie Dr. Lukas es nannte – so weit weg wie nur möglich von seinem Vater und von all den Einflüssen und Dingen, die ihn zu Hause so eingeengt hatten. Er entfernte sich sogar so weit von seinen jüdischen Wurzeln, dass er sich an einem Ort aufhielt, wo Schweine gehütet wurden. Er hatte mehr Geld, als er jemals zu träumen gewagt hatte, und mehr Freunde, als er jemals gehofft hatte. Was auch immer wir davon halten mögen, dieser Junge genoss sein Leben. Er feierte, was das Zeug hielt, und man hat den Eindruck, er bedauerte es fast, dass er das Haus des alten Mannes nicht schon eher verlassen hatte. Und dann passierte es. Das Geld wurde knapp, die Freunde verließen ihn und er stand plötzlich mit leeren Händen da – nicht nur finanziell gesehen, sondern auch sozial und geistlich. Er war ganz unten – und er war allein.

Jesus hätte seinen jüdischen Zuhörern nicht anschaulicher darstellen können, wie tief dieser Junge gesunken war, als mit dem Bild, wie dieser schließlich im Schweinestall landete und vor lauter Hunger um das Futter der Tiere bettelte. Seine Zuhörer damals verstanden sehr wohl die Botschaft: Dieser junge Mann hatte nichts mehr zu erwarten – außer den Tod.

Doch als der Junge in diesem Schweinestall saß, passierte etwas, was möglicherweise nie geschehen wäre, wäre ihm nicht das Geld ausgegangen oder hätte es keine Hungersnot gegeben: Er kam zur Vernunft. Dann dachte er an Zuhause. Seine tragische Situation brachte ihn allmählich wieder zur Besinnung, der Hunger trieb ihn dazu, eine Heimkehr in Erwägung zu ziehen, und seine Schuldgefühle bestimmten die Worte, die er zu seinem Vater sagen wollte. Er wollte zu seinem Vater zurückkehren und ihm sagen: »Ich bin vor Gott und vor dir schuldig geworden.« Während er sich noch die Worte zurechtlegte, wurde ihm manches Unrecht so sehr bewusst, dass er hinzufügte: »Ich bin es nicht mehr wert, dein Sohn zu sein. Nimm mich als einen deiner Arbeiter in Dienst.« Er dachte, wenn er als Diener nach Hause käme, dann könnte sein Vater ihn wenigstens hinauswerfen, wenn er wollte – einem solchen Arbeiter konnte mit einer Frist von einem Tag gekündigt werden; er hatte einen niedrigeren Rang als ein Sklave. So machte er sich also auf den langen Heimweg.

Und so hätte die Geschichte aufgehört – ein Junge, der voller Schuldgefühle nach Hause zurückkehrt und klein beigibt, und ein Vater, der ihn empfängt mit den Worten: »Ich habe dir doch gesagt, dass es so kommen wird. Warum hast du nicht auf deine Mutter und mich gehört?« Die Geschichte *hätte* so aufgehört, wäre da nicht eine Sache gewesen: Der Vater hatte ihn niemals aufgegeben. Er hatte nie damit aufgehört, nach ihm Ausschau zu halten, und er hatte nie aufgehört, ihn zu lieben.

Und weil der Vater niemals die Hoffnung aufgegeben hatte, dass sein Sohn zurückkommen würde, sah er ihn schon, noch bevor der Junge seinen Vater sehen konnte. Und er lief ihm entgegen. Als er ihn erreichte, fiel er ihm um den Hals und küsste ihn. Der junge Mann wollte mit seiner Rede beginnen, aber er konnte sie nicht zu Ende führen. Er kam nicht dazu, seinem Vater zu sagen: »Ich bin es nicht mehr wert, dein Sohn zu sein«, denn der alte Mann rief seinen Dienern zu: »Schnell, bringt ihm etwas zum Anziehen, steckt ihm einen Ring an den Finger und bringt ihm Schuhe! Bereitet alles für ein Fest vor! Mein Sohn ist wieder zu Hause!«

Wie Verlorene zu Verlorenen werden

Es ist zweifellos eine wundervolle Geschichte. Für uns stellt sich die wichtige Frage: »Wer sind heute die Verlorenen?« Die Wahrheit ist, dass wir selbst manche in die »Verlorenheit« getrieben haben, die dort ursprünglich gar nicht waren.

Es ist unglaublich tragisch, dass wir heutzutage in unseren Gemeinden andere durch Regeln und Gesetze verurteilen, die wir selbst kreiert haben und die nichts mit der Nachfolge Christi zu tun haben. Und es kommt häufig vor, dass wir uns mit diesen ungeschriebenen Gesetzen die Verlorenen »schaffen«. In verschiedenen christlichen Kulturen überall auf der Welt kann eine Person für etwas als »verloren« abgeschrieben werden, das in einer anderen Kultur akzeptiert wird und sogar als selbstverständlich gilt. Ich erinnere mich daran, wie mir ein älterer Mann erzählte, dass er als Junge seinem Vater dabei geholfen habe, Traktate zu verteilen, die den Titel trugen: »Dürfen Baptisten tanzen gehen?« Es gibt so manchen Gemeindeleiter, dem schon von Vertretern des Ältestenrates oder des Kirchenvorstands gesagt wurde: »Herr Pastor, wir sagen das jetzt in Liebe, aber einige von uns sind sehr besorgt über das Verhalten Ihrer Kinder. Uns ist aufgefallen, dass eins von ihnen gepierct ist / sich ganz in Schwarz kleidet / mit dem Rauchen angefangen hat / Kneipen besucht.«

Und so fängt es an – so schaffen wir uns unsere Verlorenen.

Das ist nichts Neues. Zu jedem Zeitpunkt der Geschichte gab es Menschen, die sich mehr mit Religion als mit Glauben befassten und die sehr schnell dabei waren, andere darauf hinzuweisen, wo sie falsch lagen. Die Pharisäer kamen zu Jesus und fragten: »Warum essen deine Jünger mit ungewaschenen Händen?« und: »Warum fasten deine Jünger nicht?« Sie meinten damit: »Deine eigenen Leute kommen vom richtigen Weg ab – was wirst du jetzt tun?«

In den Augen der religiösen Führer der damaligen Zeit war Jesus selbst ein Verlorener. Sie hatten mitbekommen, dass er mit Sündern an einem Tisch saß. Immer wieder wiesen sie ihn darauf hin, wie sehr sie sich an die Regeln und Gesetze hielten, was, wie sie meinten, bedeutete, dass sie mit Gott im Reinen waren. Doch das hielt Jesus nicht davon ab, sein Leben außerhalb des Schutzes eines religiösen Gettos zu leben. Manche Christen betrachten andere leicht als Verlorene, weil sie selbst in einer solchen Welt fernab der Realität leben. Einige unserer Jugendlichen, die den »Stempel der Verlorenheit« tragen, versuchen zumindest, Christus in einer Welt nachzufolgen, die außerhalb der christlichen »Glaskuppel«

liegt. Im Gegensatz dazu haben manche Christen nicht nur keinen einzigen Freund, der nicht ihren christlichen Glauben mit ihnen teilt, sie haben auch keinen Freund, der nicht ihr *bestimmtes Markenzeichen* des christlichen Glaubens mit ihnen teilt.

Und wer sind denn nun die Verlorenen? Denken Sie einmal über folgende Geschichte nach. Ein Mann hatte zwei Söhne. Beide schienen Nachfolger Christi zu sein, obwohl Jack, der Jüngere der beiden, schon immer etwas Rebellisches an sich hatte. Jack war es, der einen Goldfisch ins Taufbecken schmuggelte und, ja, er war es auch, der mit zwölf Jahren dem Pastor auf der Kanzel Wodka ins Wasserglas gegossen hatte. Stephen dagegen schien ein Musterkind zu sein. Wie nicht anders zu erwarten, machte er auch später, als er älter wurde, nicht viel Ärger.

Jack ging mit zwanzig Jahren auf einmal nicht mehr in den Gottesdienst. Es fiel ihm sehr schwer, sich anzupassen. Mit den Leuten in den Kneipen, in denen er sich aufhielt, empfand er oft ein viel größeres Zusammengehörigkeitsgefühl als mit denen in den Gebetsversammlungen, die er besucht hatte. Schließlich zog er von zu Hause weg in eine Großstadt.

Er begann eine Arbeit mit Obdachlosen. Es war eine schwere Arbeit. Er wurde oft um das bisschen Geld, das er verdiente, betrogen. Er wurde zweimal zusammengeschlagen und einmal inhaftiert, weil er für eine Frau Partei ergriffen hatte, die immer im Eingangsbereich eines Ladens schlief und ihre wenigen Habseligkeiten auf einem Müllschacht außerhalb eines Geschäfts in der Oxford Street verstauen wollte. Jack hatte ein großes Herz für Menschen. Manchmal brachte ihre Not ihn zum Weinen.

Stephen, der andere Sohn, hörte nie auf, in die Gemeinde zu gehen. Tatsächlich verpasste er kaum eine

Veranstaltung und schließlich wurde er sogar gebeten, dem Ältestenrat beizutreten. Dort bewies er, dass er tüchtig und hingebungsvoll seine Aufgaben erfüllte – und eine absolute Nervensäge war. Er hatte eine vernichtende Art, mit den Menschen zu reden, war unbarmherzig und machte den Gemeindeleitern das Leben zu einer einzigen Qual. Stephen hatte sehr genaue Vorstellungen davon, wie die Dinge gehandhabt werden sollten. Oft sagte er: »Um der Gemeinde willen ist es wichtig, dass wir hohe Maßstäbe ansetzen.« Häufig fanden die Leute es schwer, diesen Maßstäben gerecht zu werden – ob es nun der Anbetungsleiter, der Jugendpastor oder die allein erziehende Mutter war, deren Kinder manchmal die Familiengottesdienste störten –, und wenn sie sich falsch verhielten, sagte Stephen ihnen das auch.

Welcher dieser beiden Söhne war nun ein Verlorener? Die Antwort ist: beide. Und beide mussten wieder nach Hause kommen.

Bevor wir jedoch fortfahren, ist es wichtig, dass wir klarstellen, was »nach Hause kommen« bedeutet. Ich glaube, dass der Gemeindebesuch wichtig ist – ich habe fast jeden Sonntag meines Lebens in meiner Gemeinde verbracht, aber der Gemeindebesuch ist nicht der einzige Anhaltspunkt, um sagen zu können, ob jemand ein Verlorener ist oder nicht. Wenn uns in christlichen Kreisen jemand fragt, wie es unseren Kindern geistlich gesehen geht, scheint es, solange sie sonntags und einmal in der Woche die Gemeinde besuchen, für uns gerechtfertigt zu sein zu behaupten: »Ich bin froh, sagen zu können, dass sie Christus nachfolgen.« Aber – kümmern sie sich um die Armen? *Lieben* sie Christus? Setzen sie sich ein, wenn sie irgendwo Unrecht sehen? Können sie vergeben oder hegen sie anderen gegenüber Groll? Sind sie mitfühlend? Geduldig? Und gibt es irgendeinen Beweis, dass sie ganz allmählich dem immer ähnlicher werden, dem sie nachfolgen?

Wir brauchen dringend Gottes Weisheit, wenn wir uns mit dieser Thematik befassen. Wir wollen nichts falsch machen, denn wenn wir das tun, gestatten wir nicht nur denen, die eigentlich in tiefer geistlicher Not stecken, dass sie in ihrer Selbstgefälligkeit verharren, sondern wir verjagen auch diejenigen, die Gott überhaupt nicht den Rücken gekehrt hatten. Ich befürchte, dass es viele Kinder gibt, die sich regelmäßig von ihren Eltern anhören müssen, dass sie Gott um ihre Umkehr bitten. In Wirklichkeit aber bräuchten sie deren Ermutigung, dass sie weiterhin die Dinge tun, die Gott gefallen.

Das große Problem der Gemeinden in der westlichen Welt ist, dass die Hälfte der Verlorenen in den eigenen Reihen sitzt. Es ist wahr, dass unsere eigenen Fehler nicht so leicht zu erkennen sind wie die der anderen, doch in unserem Herzen wissen wir, dass wir genauso weit entfernt sind. Der Junge in dem Gleichnis vergeudete sein Leben durch einen ausschweifenden Lebensstil – wir werden von unserer Bitterkeit aufgefressen; er verprasste sein Geld – wir häufen es an; er überließ seinen Körper den Prostituierten – wir opfern unseren Verstand der Pornografie.

Was den Jungen in dem Gleichnis schließlich gerettet hat, war die Verzweiflung über sein Leben und die Sehnsucht nach dem, was er von zu Hause kannte. Viele von uns haben diese Verzweiflung nie empfunden – doch es wäre besser für uns gewesen. Jemand hat das einmal folgendermaßen ausgedrückt: »Unsere Gemeinden sind gefüllt mit netten, freundlichen, liebevollen Menschen, die nie die Verzweiflung über ihre Schuld oder das atemberaubende Wunder der Vergebung kennen gelernt haben.«

Der einzige Grund, warum das religiöse Establishment Jesus als Verlorenen beschimpfen konnte, war, dass diese Leute keine Ahnung hatten, was für Gott wirklich wichtig ist. Und genau aus diesem Grund fiel es ihnen auch so schwer, über die furchtbare Möglichkeit nachzudenken, dass in Wirklichkeit er es war, der sich im Hause seines Vaters befand, und sie diejenigen, die draußen zurückgelassen wurden.

Bevor wir für sie beten, dass sie wieder nach Hause kommen, sollten wir sichergehen, dass sie auch wirklich gegangen sind.

Gebet

Herr, löse meine geballte Faust, meine Hand;
öffne mir die Finger,
zerbrich die lebenslangen Gewohnheiten
all der Jahre der Behaglichkeit, der Fürsorge.

Herr, setze meine Gedanken frei,
erhelle meinen Verstand,
schenk mir Vertrauen im Blick auf dieses
kostbare Kind.

Herr, habe ich ihn mit meiner Liebe eingeengt?
Zu eng, zu fest?
Habe ich dich beiseite gedrängt,
vergessen, dass du ihn bereits kanntest,
bevor er geboren wurde?
Dass du ihn geliebt hast, bevor ich ihn liebte?

Er gehört dir, Herr.
Ich gebe ihn frei und überlasse ihn dir.

Zum Nachdenken

Hör auf zu klagen, lass das Weinen!
Du sollst deine Kinder nicht umsonst groß-
gezogen haben; sie kehren aus dem Land
der Feinde zurück. »Es gibt Hoffnung für sie!«,
sagt der Herr. »Deine Kinder kehren in die
Heimat zurück!«
Jeremia 31,16–17

Gott identifiziert sich mit unseren Tränen, die wir über die Abwesenheit unserer Verlorenen vergießen. Er teilt sie mit uns. Aber er verspricht uns auch, dass all unsere Bemühungen und Sehnsüchte als Eltern, Großeltern, Ehemänner, Ehefrauen, Brüder, Schwestern oder Freunde von ihm nicht unbemerkt bleiben. Er versichert uns, dass er die Kontrolle hat und dass wir ihm ihr Leben anvertrauen können, wo auch immer sie sind. Es gibt Hoffnung.

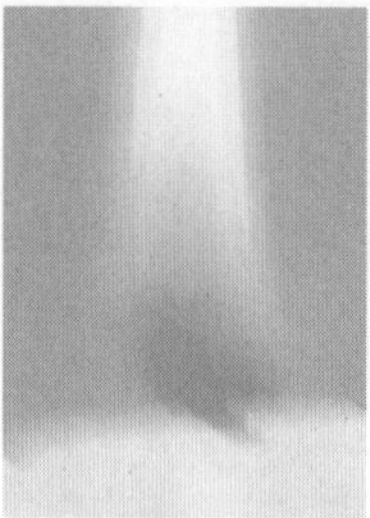

Kapitel 2

Bevor sie verloren sind

Während einer Veranstaltung in Nordamerika, zu der ich als Redner eingeladen war, kamen eine Mutter und ein Vater auf mich zu. Sie waren Anfang sechzig, ihre Tochter sechzehn. Der Vater sagte zu mir: »Wir machen uns solche Sorgen um unsere Tochter. Sie hat schon immer die Grenzen überschritten, aber jetzt geht sie auch noch freitagabends zum Tanzen.«

»Nun«, dachte ich mir. »Zumindest klingt es so, als sei sie normal.«

Der Vater fuhr fort: »Manchmal geht sie auch samstagabends zum Tanzen.«

»Wissen Sie«, erwiderte ich, »dieses Verhalten ist für einen Teenager nichts Ungewöhnliches. Da draußen lauern viele Gefahren, aber ich bin mir sicher, dass Sie Ihrer Tochter beigebracht haben, was richtig und was falsch ist, und in einigen Monaten wird sie erwachsen sein.«

Die Mutter sagte: »Aber sie will nicht mehr zu den Jugendstunden gehen.«

Während wir so miteinander sprachen, konnte ich mir die Szene lebhaft vorstellen, die sich in ihrem Haus abspielte – dieses Mädchen im Teenageralter, das die Treppe herunterkam, und seine Eltern, wie sie zu ihm sagten: »So wie du aussiehst, kannst du doch nicht weggehen.« Oder den Streit darüber, ob sie am Samstag schon wieder ausgehen konnte, wo sie doch erst am Freitagabend weg war. Ich empfand Mitleid für dieses ältere Ehepaar, das alles tat, um die Tochter auf dem richtigen Weg zu halten, aber über den Anstrengungen fast zugrunde ging.

»Wie ist Ihre Tochter denn, wenn sie zu Hause ist?«, fragte ich.

»Wir kommen gut mit ihr zurecht«, antwortete die Mutter. »Aber, wie ich schon sagte, sie geht nicht mehr zur Jugendstunde.«

»Geht sie jemals mit Ihnen zur Gemeinde?«, fragte ich in der Erwartung, dass sie mir antworten würden: »Nein, schon seit ihrem zwölften Lebensjahr nicht mehr.« Aber sie sagten: »Jede Woche – sie lässt keinen Sonntag aus.«

»Wollen Sie damit sagen, dass sie jeden Sonntag in die Gemeinde geht, egal, wie spät sie am Abend zuvor nach Hause gekommen ist?«, fragte ich.

»Ja«, antworteten sie. »Jeden Sonntag.«

»Das ist ja unglaublich!«, rief ich. »Wenn Sie heute Abend nach Hause kommen, möchte ich, dass Sie zu Ihrer Tochter sagen: ›Liebling, wir haben heute Abend jemandem von dir erzählt und davon, dass du jeden Sonntag so treu mit uns zur Gemeinde gehst. Wir waren stolz auf dich.‹«

Ich werde nie vergessen, was dann geschah. Die Mutter sah mich an und sagte: »Mr Parsons, haben

Sie nicht gehört, was wir eben zu Ihnen gesagt haben? Sie geht nicht mehr zur Jugendstunde!«

»Vergessen Sie das für einen Moment«, sagte ich. »Kritisieren Sie sie nicht ständig für Dinge, die sie falsch macht. Loben Sie sie für das, was sie *richtig* macht – denn wenn Sie das nicht tun, werden Sie sich bald noch um andere Dinge sorgen müssen als um die Jugendstunde. Für mich sieht es so aus, als ob dieses Mädchen momentan versucht, Gott, so gut es kann, zu ehren, und es braucht darin alle Ermutigung. Drängen Sie Ihre Tochter nicht wegen einiger Veranstaltungen in der Woche in die Verlorenheit.«

In den meisten Familien gibt es ein Kind, das in jüngeren Jahren den Anschein macht, dass es verloren gehen wird. Manchmal frage ich mich, ob es nicht zu einer sich selbst erfüllenden Prophezeiung wird, wenn wir ihnen solch unmögliche Maßstäbe setzen. Wir verlangen von ihnen, dass sie Dinge vollbringen, zu denen sie nie bestimmt waren, und allmählich geben sie jeden Versuch auf. Sie sagen sich: »Wenn meine Eltern wirklich denken, dass ich so schlecht bin, dann kann ich ihnen das ja auch beweisen.«

Wenn Sie mehrere Kinder haben, werden diese höchstwahrscheinlich völlig verschieden sein. Das ist besonders dann schwer, wenn das erste Kind sehr folgsam war, denn eine Zeit lang waren Sie vielleicht davon überzeugt, dass Sie die perfekten Eltern sind – das erste Kind half bereitwillig beim Abwasch, verbrachte Stunden damit, sein Zimmer aufzuräumen, und sparte sein Geld, damit es sich dafür Lehrbücher kaufen konnte. Das zweite Kind ist jedoch ein wenig anders. Dieser kleine Junge wacht jeden Morgen auf und fragt sich: »Wie kann ich meine Mutter heute auf die Palme bringen?« Er geht abends ins Bett und macht sich Gedanken darüber, dass er es nicht geschafft hat.

In den meisten Elternhäusern kann man beobachten, dass die Erziehungsmaßnahmen, Sanktionen, Hausarreste und Streitigkeiten sich in erster Linie um das Kind drehen, das seine Eltern auf die Probe stellt. Diese Handlungen können natürlich notwendig sein, aber sie bergen auch eine Gefahr in sich. Ich erinnere mich daran, wie mein Sohn Lloyd mit sechzehn Jahren einmal zu mir sagte: »Papa, ich weiß jetzt, dass es nicht stimmt, aber als ich klein war, habe ich immer gedacht, dass du Katie lieber hast als mich.«

»Das kann ich gut verstehen, mein Sohn«, erwiderte ich, »denn immer wenn bei uns das Chaos ausgebrochen ist, warst du mittendrin. Außerdem ist mir jetzt bewusst, dass deine große Schwester oft dich beschuldigte, wenn sie einen Streich gespielt hatte!«

Wir müssen einfach den Kreislauf durchbrechen, dass die einzigen Worte, die ein solches Kind von uns hört, negativ sind. Es ist dringend erforderlich, dass wir etwas an ihnen finden, worin wir sie ermutigen können – sorgen Sie zum Beispiel dafür, dass sie zufällig mithören, wenn wir sie vor anderen loben. Eine Hilfe dabei wird sein, dass wir etwas finden, was sie gut machen und was ihr »tugendhafter« Bruder oder ihre Schwester nicht kann. Vielleicht ein Hobby oder eine Sportart – irgendetwas, das ihnen ihre Würde wiedergibt. Geben Sie sich alle Mühe, diese Begabung in ihnen zu finden – es ist enorm wichtig. Die einzige Alternative für sie ist ansonsten Rebellion als der Weg, Beachtung zu finden. Und vor allem müssen wir ihnen auf hundertfache Weise zeigen, dass, auch wenn es manchmal so scheint, als herrsche ein Dauerkrieg zwischen uns, unsere Liebe zu ihnen nicht größer sein könnte, als sie es ist.

Ich erinnere mich daran, wie ich einmal mit einem Geschäftsführer zusammen zu Mittag aß und ihn darum bat, mir von seiner Familie zu erzählen.

»Ich habe drei Kinder«, fing er an. »Meine älteste Tochter ist fünfundzwanzig Jahre alt und macht zurzeit ihren Doktor. Unsere zweite ist zweiundzwanzig. Sie studiert Naturwissenschaften.« Dann nahm er sein Messer in die Hand und aß weiter. Ich sagte: »Erzählen Sie mir von Ihrem dritten Kind.«

»Oh«, erwiderte er. »Mein Sohn ist neunzehn. Er ist Dyslektiker (ein Mensch mit einer Lesestörung, Anm. d. Übers.). Er strengt sich auf dem College nicht besonders an, sein Zimmer ist ein Chaos und er bekommt Knöllchen, die er vergisst zu bezahlen. Ich sage ihm immer, er solle sich ein wenig mehr Mühe geben – in der Welt da draußen geht es knallhart zu.«

Ich fragte ihn: »Können Sie sich daran erinnern, wann Sie diesen Jungen überhaupt das letzte Mal gelobt haben?«

»Nein, das kann ich tatsächlich nicht«, antwortete er.

Ich sagte: »Wenn Sie wieder nach Hause kommen, finden Sie etwas, was er auch nur ansatzweise gut gemacht hat, und sprechen Sie ihm Ihr Lob aus. Das wird sich revolutionär auf Ihre Beziehung zu ihm auswirken.« Es muss diesem Mann zugute gehalten werden, dass er versprach, dies zu tun.

Ich denke an einen anderen Mann, der am Ende eines Weiterbildungsseminars auf mich zukam. Er teilte mir mit, dass er zu seiner neunzehnjährigen Tochter ein sehr schlechtes Verhältnis habe. Ich fragte ihn nach den Begabungen seiner Tochter, und er erwiderte, dass sie fantastisch singen könne. Ich fragte ihn, ob er ihr jemals gesagt habe, dass er stolz darauf sei, wie schön sie singen könne. Er antwortete: »Nein, nie.« Und so drängte ich ihn, das noch am selben Tag zu tun.

Jeder von uns hat mehr Lob nötig, als wir uns je eingestehen würden. Für unsere Kinder ist das unbedingt erforderlich. Es tut gut zu wissen, dass die Eltern gelegentlich stolz auf einen sind, auch wenn sie meistens etwas auszusetzen haben.

Die große Gefahr für alle Eltern ist, dass das Verlangen, einem Kind zu sagen, wie sehr uns manches an ihm missfällt, größer ist als das Bedürfnis, sie wissen zu lassen, dass wir sie immer noch lieben, was immer sie auch getan haben. Ich habe gehört, wie Eltern in der Gemeinde ihre Kinder wegen deren Kleidung, ihrem Gesicht, das aussieht wie ein Eisenwarenladen, oder wegen ihrer Haarfarbe kritisierten – und das in Gegenwart dieser Kinder. Vielleicht wollen sie damit nur sagen: »Ich weiß, dass er so aussieht / dass er dorthin geht / raucht, aber ich billige das nicht.« Haben wir wirklich geglaubt, dass unsere Freunde die ganze Zeit über dachten, wir seien absolut begeistert über diese Nadel in der Unterlippe unserer Tochter? Der Preis, den wir für dieses bisschen Selbstrechtfertigung bezahlen, ist, dass unsere Kinder allmählich glauben, wir würden sie nicht akzeptieren, obwohl wir ihnen sagen, dass wir sie lieben.

Ich bin jedes Mal begeistert, wenn ich in eine Gemeinde komme, in der ein wild aussehender Teenager in der Anbetungsgruppe mitsingt. Wenn ich ihn oder sie dann beim Musizieren beobachte, bin ich mir sicher, dass er/sie die Musikanlage am liebsten bis zum Anschlag aufdrehen würde. Nichtsdestotrotz hat die Gemeinde diesen Teenager so angenommen, wie er ist – so, wie er aussieht, und mit den Gaben, die er hat –, und ihn aufgefordert: »Sei ein Teil von uns. Bring Gott deine Anbetung auf deine Weise.«

Bedingungslose Liebe ist eine der stärksten Kräfte der Welt. Aber es kann sehr schwer sein, sie zu geben. Ein Elternteil schrieb:

»Ich weiß, es gibt keine größere Kraft als die Liebe, aber wir haben unseren Sohn geliebt, bis wir daran zerbrochen sind. Wir haben ihn schon bei der Polizei abholen müssen. Drogendealer haben bei uns zu Hause angerufen und uns bedroht. Er hat uns beklaut, beschimpft und uns an den Rand des Wahnsinns getrieben. Manchmal haben wir Schuldgefühle, weil wir denken, es wäre besser für ihn gewesen, wenn er gestorben wäre. Dann wäre er wenigstens gerettet. Aber wir lieben ihn immer noch. Wir können nicht aufhören zu lieben. Nur Gott kann uns helfen, so zu lieben.«

Es gibt einiges, was wir tun können, um diesem schwierigen Kind zu helfen, aber es gibt auch ziemlich viele Bereiche, in denen uns die Hände gebunden sind. Deshalb sollten wir so klug sein, anderen Erwachsenen – unseren Freunden, Jugendleitern, Sportlehrern – zu erlauben, bei der Formung und Erziehung unseres Kindes eine Rolle zu spielen. Das ist schwer, denn besonders während ihrer Teenagerzeit gehen unsere Kinder unter Umständen durch Zeiten, in denen sie sich diesen »wichtigen anderen Personen« leichter anvertrauen können als uns. Noch schmerzhafter kann es für uns sein, dass sie absolut kein Problem damit haben, mit diesen Leuten zusammen auf der Straße gesehen zu werden – auch wenn sie genauso alt und langweilig aussehen wie wir selbst. Bevor sie sich hingegen mit uns in der Öffentlichkeit sehen lassen, würden sie lieber sterben. Die

Wahrheit ist, dass es mit diesen Leuten einfacher ist – wenn sie mit ihnen zusammen sind, lasten nicht dieser permanente Druck und Ärger auf ihnen und sie müssen sich nicht mit irgendwelchen disziplinarischen Problemen beschäftigen. Trotzdem spielen diese Bezugspersonen eine entscheidende Rolle. Der Zusammenbruch des Familiensystems und die zunehmende Isolation, in der viele Familien leben, erschweren die Suche nach solchen Menschen – dennoch müssen wir sie finden.

Aber während wir uns noch bemühen – egal, ob es gerade einfach ist, mit unseren Kindern zu leben, oder ob sie uns zum Wahnsinn treiben –, tun wir gut daran, uns vor Augen zu halten, dass Elternsein eine »Langzeitaufgabe« ist und unsere Kinder dennoch für Überraschungen sorgen können. Und genau aus dem Grund sollten wir den Punktestand noch nicht bei der Halbzeit ablesen. Dieses Kind, das uns so auf die Probe stellt, kann sich ändern und der wirklich große Schock dabei ist, dass das gehorsame Kind in der Regel auch noch die eine oder andere Überraschung aus dem Ärmel schüttelt und Sie wissen lässt: »Sei dir wegen mir nicht so sicher. Ich kann auch dafür sorgen, dass du die ganze Nacht wach bleibst.«

Werden Sie nicht müde, die gute Saat in das Leben Ihrer Kinder zu legen. Gerade das schwierigere Kind nimmt mehr in sich auf, als Sie denken. Zu den mutmachendsten und nüchternsten Perspektiven des Elterndaseins gehört die Tatsache, dass sich unsere Kinder nicht nur daran erinnern werden, was wir sie gelehrt haben, sondern dass sie es schließlich sogar in die Tat umsetzen, und das so, als wären sie selbst darauf gekommen.

Wenn Sie meine Worte anzweifeln, dann überlegen Sie doch einmal, wie oft Sie selbst die Ratschläge wiederholen, die Ihre Eltern Ihnen einst gegeben haben. Überlegen Sie, welche Entwicklung Sie seit Ihren Teenagerjahren bis jetzt durchgemacht haben. Zuerst haben Sie ihnen keinen Glauben geschenkt, dann haben Sie sie ignoriert und schließlich haben Sie sie nicht nur als Ihre eigenen angenommen, sondern Sie treten aktiv für sie ein. Sie sehen sie als die beste Methode an, Dinge zu handhaben.

Wenn Sie den Samen in das Leben Ihrer Kinder säen, während sie noch klein sind – Bibelstellen und Geschichten von den Helden und Heldinnen des Glaubens vorlesen, Lieder mit ihnen singen, die sie zum Glauben an Gott inspirieren können –, graben Sie tief in die Erde ihres ganzen Seins. Viele Verlorene erinnern sich an ein altes Lied oder an einen Bibelvers, wenn sie sich an einem Tiefpunkt befinden, und das gibt ihnen dann wieder Hoffnung und lässt sie den Weg zurück finden. Verlieren Sie nicht den Mut. Viele Samen, die zunächst den Anschein erweckten, als seien sie zum Sterben bestimmt, haben gegen steinigen Grund und Frost gekämpft und einen Weg zum Leben gefunden. Meine Mutter hatte einen grünen Daumen. Sie konnte eine Pflanze nehmen, die andere schon längst auf den Komposthaufen geworfen hätten, und sie wieder zum Leben erwecken. Geben Sie diesen Samen nicht auf.

Denken Sie an die Worte Jesu: »Mein Vater ist der Gärtner.«

Gebet

Vater, Gott, sieh dir meinen Sohn an.
Er ist so einzigartig!
Es gibt keinen, der so ist wie er.
Ich kann ihn nicht verstehen – oder was er tut.
Aber du kennst ihn, so wie er ist.
Du kennst sein Herz, seine Träume.
Wenn ich ihn nach meinen eigenen Maßstäben
gerichtet habe, anstatt nach deinen, vergib mir.
Wenn ich zu viel erwartet habe, schnell dabei war,
ihn zu kritisieren, und zu ungeduldig,
um ihm zuzuhören, dann tut es mir Leid.
Hilf mir, seinen Weg mit dir zu verstehen
und deinen mit ihm.
Hilf mir zu akzeptieren, dass er nicht eine
Kirchenbank braucht, um dir zu Füßen zu sitzen.
Dass er nicht immer das tun muss,
was bereits getan ist – sondern nur deine Sache.
Dass die Lieder, die er singt,
in einer anderen Melodie gesungen werden können.
Ich kann nicht jeden seiner Schritte überwachen,
jeden seiner Schritte lenken,
aber deine Hand ist über ihm, wo immer er auch geht,
bis er wirklich »nach Hause« kommt.

Zum Nachdenken

Ein Mensch sieht, was vor Augen ist; der Herr aber sieht das Herz an.
1. Samuel 16,7b (Lutherübersetzung)

Gott gebraucht oft seine unkonventionellsten Kinder auf eine Art und Weise, wie wir es niemals erwartet hätten. Er sieht auf das Herz und die Motivation derer, die sagen, dass sie ihn lieben und ihm nachfolgen, nicht auf ihre Qualifikationen, ihr Charisma oder auf ihre angenehme Art. Unsere Bereitschaft zu akzeptieren, dass Gott auf unerwartete Weise durch Menschen, die man genauso wenig erwartet hätte, handeln kann – besonders durch die jungen –, ist ein Maßstab für unsere geistliche Reife.

Schmerz ist eine Sprache ohne Worte –
und so bleibt er von Worten unberührt.

Ist es hilfreich zu wissen,
dass meine Gebete für dich
auch oft ohne Worte sind?

Und geformt sind wie Tränen?

Susan Lenzkes

Aber ebenso wie wir seufzt und stöhnt auch
der Geist Gottes, der uns zu Hilfe kommt.
Wir sind schwache Menschen und unfähig,
unsere Bitten in der rechten Weise
vor Gott zu bringen. Deshalb tritt sein Geist
für uns ein mit einem Stöhnen,
das sich nicht in Worte fassen lässt.
Römer 8,26

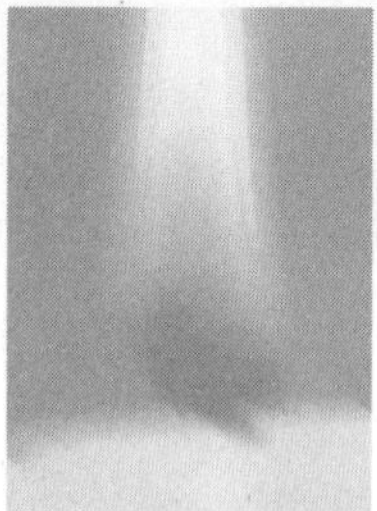

Kapitel 3

Falsche Schuldgefühle loslassen

Kein Schmerz der Welt gleicht dem, den Eltern empfinden können. Die Liebe der Eltern zu ihrem Kind ist mit keiner anderen Liebe zu vergleichen. Unsere Kinder können uns enttäuschen, uns verletzen, uns sogar beschimpfen, aber irgendwie können wir nicht aufhören, sie zu lieben. Manchmal hat es den Anschein, je mehr sie uns Anlass zur Sorge geben, umso mehr lieben wir sie. Wir würden bereitwillig unser Leben für diese Kinder geben.

Und doch kann es manchmal sehr schwer sein, diese Liebe zu geben. Ich kann mich noch gut an eine Frau erinnern, die mir erzählte, wie ihre dreizehnjährige Tochter sie zur Verzweiflung brachte. Sie sagte: »Ich habe andere Eltern gehört, die über den Tag sprachen, an dem ihre Kinder aus dem Haus gehen und sie selbst in ihrem leeren Nest zurückbleiben, und doch kann ich es nicht erwarten, dass meine Tochter endlich geht. Ich wäre nicht ehrlich, wenn ich sagen würde, dass ich für dieses Kind Liebe empfinde.«

Aber etwas in dieser Frau trieb sie dazu, ihre Geschichte einem Fremden zu erzählen, und ich bin überzeugt, es war ein Schrei nach Hilfe, durch den sie zum Ausdruck bringen wollte: »Helfen Sie mir, dieses Mädchen zu lieben, das mir manchmal das Gefühl gibt, mein Leben ruiniert zu haben. Sie hat zwar mein Herz gebrochen, aber dennoch ist sie ein Teil von mir – ich kann nicht leben, ohne sie zu lieben.«

Doch so sehr wir sie auch lieben, so sehr wir auch das Beste für sie wollen, so sehr wir auch alles für ihre Rettung geben würden, wir können nicht ihr Leben für sie leben. Unsere Kinder treffen Entscheidungen. Und manchmal sind das keine guten Entscheidungen.

Ich muss an ein Ehepaar denken. Beide sind Gemeindeleiter und wundervolle Eltern. Vor einigen Jahren saßen sie bei ihrer sechzehnjährigen Tochter in einer Gefängniszelle. Sie war gerade wegen Diebstahls verhaftet worden. Ich werde niemals vergessen, wie schlicht die Worte waren, die sie an diesem Abend im Gefängnis zu ihr sagten: »Annie, du brichst uns das Herz, aber du wirst uns niemals davon abhalten können, dich zu lieben.«

Ich bin mir sicher, diese Eltern hätten bereitwillig mit ihrem Kind in dieser Gefängniszelle die Plätze getauscht. Aber selbst wenn das möglich gewesen wäre, es wäre nicht das Beste für sie gewesen. Wir sind die Eltern; wir haben unser ganzes Leben damit verbracht, die Dinge für unsere Kinder wieder in Ordnung zu bringen, aber manchmal müssen wir einen kleinen Schritt zurückgehen und sie ihre eigenen Lektionen im Leben lernen lassen. Manchmal ist der Schmerz Teil der Rückkehr nach Hause.

Aber das hält uns nicht von dem Gedanken ab, dass wir auf irgendeine Weise die Verantwortung tragen. Das Gleichnis vom verlorenen Sohn ist die dritte Geschichte einer Trilogie. Die erste handelt von einem verlorenen Schaf, die zweite von einem verlorenen Geldstück. Es wäre schwer, dem Schaf die Schuld daran zu geben (und erst recht dem Geldstück!), dass es verloren ging, aber bei dieser Geschichte ist es anders. Hier ist der Junge in der Lage, Entscheidungen zu treffen, und er tut es auch – er entscheidet sich dafür, seinem Vater den Rücken zuzuwenden und sein Elternhaus zu verlassen. Er selbst entscheidet sich dafür. Und doch, trotz der Tatsache, dass unsere Kinder ihre eigenen Entscheidungen treffen, geben wir oft uns selbst die Schuld.

Überall auf der Welt habe ich Eltern getroffen, die diese Schuldgefühle empfanden. Das eine Ehepaar fragt sich: »Was haben wir falsch gemacht? Wäre alles anders gekommen, wenn wir die Zügel straffer gehalten hätten?« Andere meinen: »Vielleicht waren wir zu streng.« Eine Frau sagt: »Wenn wir bloß jeden Tag eine Andacht mit unseren Kindern gehalten hätten.« Und eine andere flüstert: »Vielleicht haben wir ihnen unseren Glauben zu sehr aufgedrängt.« Die Schuldgefühle sind ungeheuer schmerzhaft, sie wüten in unserem Inneren und lassen uns manchmal aus Angst um unsere Kinder das Blut in den Adern gefrieren.

Wir sehen auf andere Familien, bei denen alles so gut zu laufen scheint. Wir treffen Menschen, die uns erzählen: »Unsere vier Kinder sind alle eifrige Christen«, und wir denken dann: »Es muss an mir liegen. Wie kommt es bloß, dass ich alles so falsch verstanden habe?« Manchmal kommt es uns so unfair vor. Wir sehen Familien, wo die Eltern sich anscheinend kaum

Gedanken gemacht haben und ihre Kinder trotzdem eine Kreuzung aus Mutter Teresa und Hudson Taylor zu sein scheinen.

Und manchmal ist uns die christliche Gemeinschaft keine große Hilfe.

Als David und Carla eines Sonntags im Juni zur Gemeinde gingen, war ihnen nicht gerade nach Anbetung zumute, aber zumindest waren sie gekommen. Die vergangenen sechs Monate waren sehr hart gewesen. Am Neujahrstag beim Mittagessen hatte ihre siebzehnjährige Tochter ihnen erklärt, dass sie von zu Hause ausziehen wolle, um mit einem dreißigjährigen Mann zusammenzuziehen, den sie in der vorangegangenen Woche bei einer Weihnachtsparty kennen gelernt hatte. Sie hatten sie angefleht, nicht zu gehen. Tatsächlich hatte David sie im Eingangsbereich ihrer Wohnung sogar am Gehen hindern wollen, als sie mit dem Koffer in der Hand darum kämpfte, durch die Tür hinauszugelangen. Louise hatte geflucht, gebissen und um sich getreten, bis einer der Nachbarn an die Tür hämmerte, um zu sehen, was bei ihnen los war. Zum Schluss hatten David und Carla keine andere Wahl. Als sie zusahen, wie ihre Tochter in ihr Auto stieg, sanken sie beide zu Boden und weinten, bis es draußen schon dunkel wurde.

Zwei Monate später rief ihr neunzehnjähriger Sohn von der Universität an, um ihnen mitzuteilen, dass er sein Studium abbrechen wolle. Er und seine Freundin hatten beschlossen, eine Zeit lang durch Europa zu trampen.

An diesem Sonntag predigte ein Gastredner. Er begann seine Predigt, indem er der Gemeinde von seiner Familie erzählte. Er war seit siebenundzwanzig Jahren verheiratet und hatte vier Kinder im Alter zwischen achtzehn und fünfundzwanzig Jahren. Alle vier gingen, wie er es ausdrückte, »mit dem Herrn« und kamen mit ihrem Bibelstudium gut voran – zwei von ihnen befanden sich bereits in einer missionarischen Ausbildung in Übersee. Carla hörte kein Wort mehr von der weiteren Predigt. Sie war zu beschäftigt mit ihren Gedanken: »Wann hat alles angefangen?«, »Wo haben wir Fehler gemacht?«, und: »Wie kann ich diese Gemeinde nachher verlassen, ohne mit jemandem reden zu müssen?«

Es gibt Tausende von Eltern, die dasselbe empfinden. Eltern von Teenagern, Eltern von Twens und ältere Eltern mit größeren Kindern, die es immer noch schaffen, ihnen das Herz zu brechen. Und manchmal kann die Verletzung aus heiterem Himmel kommen. Wie bei dem Vater, der mir Folgendes erzählte:

> *»Meine Frau und ich verließen an einem Sonntagmorgen gerade die Gemeinde, als mein Handy klingelte. Es war mein bester Freund, der von einer Polizeistation aus anrief, um mir mitzuteilen, dass mein Sohn gerade verhaftet worden war. Ich fühlte, wie mir die Knie weich wurden. Ich erinnere mich noch daran, wie ich, während mein Freund meinem Sohn den Hörer reichte und ich darauf wartete, dass er sich meldete, dachte: ›Ich habe nur diese eine Chance, mich jetzt richtig zu verhalten.‹*
>
> *Ich konnte meinen Sohn am anderen Ende weinen hören. Zuerst wollte ich ihn anschreien, aber die Worte, die ich dann tatsächlich sprach, schienen aus dem Mund eines anderen zu kommen. ›Mein Sohn, ich schäme mich für das, was du getan hast, aber ich schäme mich nicht für dich. Ich liebe dich. Mit Gottes Hilfe werden wir da durchkommen.‹«*

Und als ob Elternsein nicht schon schwer genug wäre, zwingt uns die moderne Gesellschaft praktisch, das Leben unserer Kinder als Maßstab dafür zu nehmen, ob wir erfolgreich waren oder nicht. Wir möchten, dass unsere Kinder das Richtige tun, weil wir wollen, dass andere Gutes über uns denken. Wenn unsere Kinder durch schwere Zeiten gehen – seien es nun unerwartet schlechte Prüfungsergebnisse oder andere, viel ernsthaftere Probleme –, unser erster Gedanke dabei ist oft: »Was werden die Leute von uns denken?«

Ein Gemeindeleiter, dem dieses Verhalten bei sich selbst bewusst geworden war, hat es folgendermaßen ausgedrückt: »Mein Junge machte gerade eine schwere Zeit durch und meine größte Sorge war: ›Was wird meine Gemeinde darüber denken?‹ Aber meine Energie reichte gerade dafür aus, dass ich mich mit dem tatsächlichen Problem befasste, und ich beschloss, mich von dem frei zu machen, was andere dachten. Das Wichtigste war das Wohlergehen meines Sohnes und nicht mein Ruf.«

Nur eine größere Ehrlichkeit untereinander wird uns befreien von der Tyrannei der Angst davor, was die anderen wohl denken werden. Wir müssen lernen, weniger zu verurteilen, mehr zu beten und zu erkennen, dass Gott, der perfekte Vater, ein verletzter Vater ist. Und jeder von uns täte gut daran, es nicht zu laut herumzuposaunen, wenn mit unseren Kindern gerade alles in Ordnung ist. Marie Anne Blakely hat das sehr gut zum Ausdruck gebracht: »Eine Mutter ist weder stolz noch arrogant, weil sie weiß, dass jeden Moment der Schulleiter anrufen könnte, um ihr mitzuteilen, dass ihr Sohn gerade mit dem Motorrad die Sporthalle der Schule durchquert hat.«

Vor einigen Jahren wurde Dr. R. T. Kendall, der damals Ältester der Westminster Chapel in London war, von Mitarbeitern der Billy-Graham-Organisation gebeten, ihn eine Stunde lang bei einem Vortrag über Theologie filmen zu dürfen. Dr. Kendall sprach vor der Kamera über einige Themen, die er freitagabends in seinen Kursen über »Theologie« behandelte. Als sie zum Schluss kamen, sagte der Produzent: »Wir haben noch ein paar Minuten für den Film übrig. Würden Sie uns noch etwas über Ihre Familie erzählen?« Dr. Kendall, der überaus direkt sein konnte, erwiderte: »Sie wollen gar nichts über meine Familie wissen. Als Vater war ich ein Versager.«

Ich glaube, dass R. T., wie wir ihn nennen, ein wundervoller Vater ist, aber er war der Ansicht, dass er, als seine Kinder noch klein waren, zu viel Zeit in der Westminster Chapel und mit seinen Studien verbracht hatte. Zu dem Zeitpunkt, als der Film gedreht wurde, konnte man sagen, dass seine Kinder verloren waren. Trotzdem bat der Produzent ihn fortzufahren und so sprach R. T. über jene Jahre und über die Fehler, die er seiner Überzeugung nach gemacht hatte.

Der einzige Teil des Films, den die Produzenten jemals verwendeten – und sie zeigten ihn Tausenden von Gemeindeleitern überall auf der Welt –, waren diese wenigen letzten Minuten. Sie waren unentbehrlich. Es war eine Botschaft an alle, die durch Zeiten des tiefen Kummers gingen, und sie lautete: »Es geht nicht nur euch so.«

Es ist nicht verwunderlich, dass sie den Film so eingesetzt haben. Ich kann mich noch gut daran erinnern, wie Dr. Billy Graham über die Jahre sprach, in denen sein Sohn Franklin ein verlorener Sohn war. Er sagte: »Ruth und ich lebten in einem Haus oben auf einem Hügel. Wir haben manche Nacht bis in die frühen Morgenstunden wach gelegen und darauf gewartet, dass Franklin nach Hause kam. Endlich hörten wir, wie er mit quietschenden Reifen in seinem Auto durch die Kurven den Berg herauffuhr, und wir wussten, dass er zumindest für eine weitere Nacht sicher war.«

So viele Eltern tragen fälschlicherweise eine schwere Last der Schuld mit sich. Das soll nicht heißen, dass sie als Eltern perfekt waren. Sie sind einfach nur Eltern gewesen – Eltern, die sich mit dieser Aufgabe die größte Mühe gegeben haben. Kaum eine Mutter oder ein Vater auf dieser Erde würde nicht liebend gerne eine zweite Möglichkeit bekommen – die Uhr wieder zurückdrehen und die Chance haben, alle Bücher zu lesen und auf alle Seminare zu gehen, bevor ihre Kinder ins Teenageralter kommen. Doch selbst wenn wir diese Chance hätten, dann würden wir, wenn wir ehrlich sind, wahrscheinlich einfach nur andere Fehler machen.

Und was wäre, wenn wir die perfekten Eltern hätten sein können? Die Schöpfungsgeschichte lässt uns das in einer faszinierenden Dimension betrachten. Adam und Eva hatten den perfekten Vater und lebten in einer perfekten Umgebung, aber sie entschieden sich für einen Weg, der gegen den Willen ihres Vaters war. Tatsächlich zeigt der größte Teil der Bibel Gott als den perfekten Vater, der seinen Kindern sagen muss: »Warum kehrt ihr allem, was ich euch gelehrt habe, den Rücken zu?« Es gibt für unsere Kinder keine Garantie. Ich weiß, im Buch der Sprüche gibt es diesen Vers: »Bring einem Kind am Anfang seines Lebens gute Gewohnheiten bei, es wird sie auch im Alter nicht vergessen« (Sprüche 22,6). Aber das ist keine Garantie, es ist nur ein generelles Prinzip. Wenn Sie es befolgen, werden Sie im Leben Ihrer Kinder ein wundervolles Fundament legen, aber sie werden trotzdem ihre eigenen Entscheidungen treffen.

Es ist an der Zeit, diese Schuldgefühle abzulegen. Sie haben sie lange genug mit sich herumgetragen. Selbstverständlich sollten Sie für die Dinge um Vergebung bitten, von denen Sie wissen, dass Sie als Eltern sie falsch gemacht haben. Danach aber sehen Sie sich als Teil all derer, die ihre Kinder sosehr sie konnten, geliebt und sie angeleitet haben, die aber am Schluss zusehen müssen, wie diese doch ihre eigenen Entscheidungen treffen.

Es gibt nichts, was die Seele mehr zerstört als falsche Schuldgefühle. Lassen Sie sie los. Und fangen Sie an, Gott den Vater darum zu bitten, dass er sich zu Ihren Verlorenen ausstreckt, denn ihm allein ist das möglich. Schließlich sind sie in seinen Händen, nicht in unseren.

Und das war schon immer so.

Gebet

Herr,
alles, was ich getan habe, ist,
dass ich sie immer geliebt habe.
Du weißt, was das für ein Gefühl ist.
Einem Kind alles zu geben und dann zusehen
zu müssen, wie es alles wegwirft.
Manchmal weine ich mich wegen meiner
Schuldgefühle in den Schlaf,
und wenn ich aufwache, liegen sie mir im Magen.
Ich lasse die Vergangenheit Revue passieren
und frage mich:
»Was hätten wir tun können?«
Oder manchmal: »Was wäre, wenn ich ...
nicht getan hätte?«
Ich beobachte andere, die stolz, manchmal sogar
prahlerisch über ihre Kinder reden,
obwohl ich ihnen keinen Augenblick
ihrer Freude nehmen will.
Befreie mich von dem, was andere denken
oder sagen könnten. Von dem Schmerz,
mit anhören zu müssen,
wie sie sich selbst dazu gratulieren, wie gut
sich ihre Kinder doch »entwickelt« haben.

Als ob die Form, aus der sie gegossen wurden,
»zweitrangig« gewesen wäre.
Hilf mir, einen Ort zu finden,
wo andere mich verstehen können,
weil sie diesen Schmerz auch gekannt haben.

Ich brauche deine leisen Worte der Bestätigung,
dass ich mein Bestes getan habe.
Ich war nicht perfekt, aber ich habe alles gegeben,
was ich konnte.
Und, Herr, auch da, wo ich versagt habe,
kannst du alles wieder gutmachen.
Wo ich verletzt habe, kannst du heilen.

Heile mich, Herr.
Nimm diese Schuldgefühle von mir.
Jetzt.

Zum Nachdenken

Sie spürten die durchdringenden Blicke
der anderen
und sanken innerlich zusammen –
nicht geschafft.
Gute Eltern hatten gute Kinder.
Und sie – einen Herumtreiber.

Die alten Herrschaften wollten ja nicht
eingebildet sein oder verurteilen,
aber dass ihre Kinder verloren waren –
damit wurden sie einfach nicht fertig.

Herr, erinnere sie sanft daran,
dass auch du Probleme hast
mit deinen Kindern.

Ruth Bell Graham

Es kommt die Zeit, in der wir unter der Last der Schuld nicht mehr vorankommen. Genau dann müssen wir uns daran erinnern, dass Gott, der perfekte Vater, selbst eigenwillige Kinder hat. Letzten Endes ist Gott für unsere Kinder verantwortlich. Er ist ihr Vater. Er verlangt von uns nichts Unmögliches. Nur, dass wir sie lieben. Wenn Sie jetzt beten, knien Sie vor dem Kreuz nieder, legen Sie Ihre Schuldgefühle und die lähmende Angst ab. Lassen Sie sich von Gott halten.

Die Geschichte von Chris

Ich bin jetzt Mitte zwanzig. Im Alter von fünf Jahren saß ich auf dem heruntergeklappten Deckel einer Toilette und betete gemeinsam mit meinem Vater, der neben mir auf dem Boden kauerte. Es war der einzige ruhige Ort, den wir finden konnten, um Gott darum zu bitten, in das Leben eines neugierigen, durchschnittlichen Jungen zu kommen, der gläubige Eltern hatte. Ich erinnere mich nur an wenige Details, außer an die Größe des Raumes und an die Tatsache, dass meine Füße kaum den Holzboden berühren konnten. Aber ich erinnere mich daran, dass ich wusste, dass dies eine große Sache war. Ich wusste, es gab Gott wirklich.

Einige Jahre später wurde ich im Taufbecken unter Wasser getaucht und kam wieder an die Oberfläche. Dabei beobachtete ich die Blasen, die nach oben schossen, und versuchte, jeden einzelnen Moment exakt im Gedächtnis zu behalten, damit ich später davon zehren konnte. In meiner Rede vor der versammelten Gemeinde bekannte ich Jesus öffentlich als Gott – als meinen Gott. Das, wofür Tausende von Christen verfolgt wurden, tat ich an einem sicheren Ort – und ich meinte es ernst. Dabei habe ich weder den Pastor angelogen noch meine Familie, noch die alten Damen in der vorderen Reihe. Und vor allem habe ich Gott nicht angelogen. Ich machte mir keine Sorgen um den nächsten Tag; wie verheißen, brachte jeder Tag seine eigenen Sorgen mit sich.

Danach wurde mein Leben sehr ereignisreich und ich genoss es in vollen Zügen. Es kamen viele Versuchungen und es wurde zunehmend schwerer, sich auf ein Leben zu konzentrieren, das sich erst an einem anderen Ort als lohnend erweisen sollte. Während die Ge-

meinde Vorschriften zu Verhaltensnormen machte und darauf achtete, dass diese eingehalten wurden, schien es so, als habe die Welt das Leben in seiner ganzen Fülle und mit all seiner Schönheit für sich gepachtet. Ich war ein ganz normaler Teenager. Innerlich war ich hin- und hergerissen.
Der Autor Hanif Kureishi erzählte einmal von seinen eigenen Erfahrungen und kam zu dem Schluss: »Ein Kind zu sein bedeutet, mit mindestens zwei verschiedenen Welten, Auffassungen und Weltanschauungen klarkommen oder sie zur Synthese bringen zu müssen ... Eine Möglichkeit, damit zurechtzukommen, wäre die völlige Ablehnung der einen Welt, indem man sie z. B. einfach vergisst. Eine andere Möglichkeit ist, sich in einem ständigen inneren Kampf mit ihr zu befinden, zu versuchen, aus ihr auszubrechen, ohne jemals Erfolg dabei zu haben.« Diesen Kampf habe ich viele Jahre gekämpft. Ich war nicht bereit, eine dieser beiden Welten abzulehnen. Die eine nicht, weil sie zu schön war, sie hatte einfach zu viel zu bieten; die andere nicht, weil ich tief in meinem Innern wusste, dass sie real war. Gott war hier gewesen, hatte diese Erde durchwandert und wollte mehr von mir – das glaubte ich, aber in den Versammlungen seiner Nachfolger fühlte ich mich ihm nicht näher, als wenn ich nachts durch die Straßen zog. Ich sah Gott weder in der Gemeinde noch in der Natur, noch sonst irgendwo.
Ich hielt durch, ging immer noch zur Gemeinde, war immer noch Teil der Jugendgruppe, wenn auch nur körperlich und nicht im Geist. Die Predigten zogen wie eine Werbesendung an mir vorüber, es gab keine Christen, denen ich unbedingt nacheifern wollte, und die Bibel war in meinen Augen eine verwirrende Auswahl schlecht geschriebener Moral-

predigten. Doch trotz all dieser Ablehnung und trotz eines leichten inneren Unmutes hatte ich ein unscheinbares und doch starkes Gefühl, dass alles wahr war.

Sogar Jesus schlich unbeachtet an mir vorbei. Er, den ich später so unwiderstehlich fand, ging an mir vorüber, ohne dass ich ihm während einer der Predigten, die ich in meiner Kindheit gehört hatte, meine Aufmerksamkeit schenkte. Ich verpasste diesen imponierenden und unergründlichen Mann. Ich versäumte es, den König zu bemerken, der die Armen anrührte und ihnen sagte, dass er nach Hause kommen würde, um ihnen zu dienen; den Revolutionär, der einen Aufstand ablehnte und sich für einen Weg entschied, der bedeutete, dass er still seinem Grab entgegenging. Der perfekte Mensch, der übertriebene Maßstäbe ansetzte, der seine Nachfolger anwies, genauso perfekt zu sein wie sein Vater, und ihnen trotzdem unzählige Male ihre unvermeidbaren Fehler vergab. Heute ist er der Grund, dass ich vorwärts gehe; damals war er für mich nur wie eine zweidimensionale Pappfigur: widerstandslos, leicht und völlig stumm.

In den Jahren, als ich die Universität besuchte, war ich wahrscheinlich am weitesten von Gott entfernt. Ich nehme an, dass es vielen genauso erging. Die meiste Zeit über machte ich mir keine Gedanken darüber. Doch gegen Ende der Studienzeit lag ich manchmal mitten in der Nacht hellwach da oder ich ertappte mich dabei, wie meine Gedanken abschweiften zu etwas Größerem als zu dem, was mein Leben ausmachte. Nachdem ich schließlich meinen Abschluss in der Tasche hatte und das Land verließ, begegnete ich Gott 6 000 Meilen von zu Hause entfernt, dort, wo ich es am wenigsten vermutet hätte.

Wie sich herausgestellt hat, geht er den Menschen gerne nach.
Während meiner Arbeit mit jungen, sehr armen Menschen fühlte ich die Herausforderung in Bezug auf das Wertesystem, das ich mir heimlich geschaffen hatte, und ich beschloss herauszufinden, wie ein lebenswertes Leben aussehen und sein würde. Sonntagmorgens kreuzte ich in der Gemeinde auf, zu der auch einige meiner Kollegen gingen. Oft besuchte ich die Gottesdienste in den Slums, die es in unserem Ort gab. Ich hatte das Gefühl, dass ich ständig von Leuten umgeben war, die über Gott sprachen. Innerhalb kurzer Zeit war ich Teil einer kleinen Gruppe von Menschen, mit denen ich trotz unserer verschiedenen Hintergründe, Nationalitäten und unserem unterschiedlichen Glaubensstand gut zurechtkam, egal, ob wir nun bei einem Bier zusammensaßen oder gemeinsam in der Bibel lasen. Beim Lesen dieses Buches entdeckte ich einen Mann, der es wert war, dass man ihm nachfolgte, und gleichzeitig fragte ich mich, ob ich dazu wirklich in der Lage war. Ich fand eine Gemeinschaft von Leuten, die bereit waren, mir zuzuhören, die nach vorne sahen und Gott jeden Tag besser kennen lernen wollten. Ich sah die Gemeinde, wie sie sein sollte.
Heute helfe ich in meiner freien Zeit mit, eine »Versuchsgemeinde« zu leiten, die wir in einer Kneipe im Stadtzentrum gegründet haben. Im Wesentlichen wird diese Gemeinde von Leuten besucht, denen nicht gefallen hat, was sie bisher an Gemeinden gesehen haben, und es kommen ganz unterschiedliche Typen. Einige haben noch nie zuvor Kontakt zu Christen gehabt, andere kommen aus Gemeinden, in denen sie entweder schlecht behandelt worden waren oder in die sie nicht »hineingepasst« hatten.

Sie können sich vorstellen, dass sie ihre Fragen und Enttäuschungen mitbringen, sie haben absolut kein Interesse an Kirchenkultur. Unsere Bemühungen, »relevant« zu sein, lassen sie kalt, aber sie sind interessiert an Jesus und an der Frage, ob es ihn gibt. Es gibt aber auch noch eine andere Gruppe von Leuten, die den christlichen Glauben noch einmal neu ausprobieren wollen, die früher schon alles gehört haben, dann aber weggegangen sind, nur um herauszufinden, dass da draußen alles keinen Sinn macht. Sie waren dort, sie haben »den Stempel«, aber sie möchten noch mehr. Im Leben der meisten von ihnen wird es einen Moment geben, in dem ihnen bewusst wird, dass sie sich in einem Schweinestall befinden und dass sie gerne wieder nach Hause zurückmöchten. Ich habe sehr viel Zeit für die Verlorenen. Ich habe gesehen, was Gott tun kann, wenn sie wieder zurückkehren.
Wenn ich überhaupt etwas gelernt habe, dann ist es die Tatsache, dass Gott sehr besorgt um uns ist. Wir sind einzigartig. Ihr vierzehnjähriger Sohn oder Ihre Tochter, der bzw. die am Kaffeetisch nicht mit Ihnen reden will, ist einzigartig (es wird Ihnen nicht schwer fallen, das zu glauben), und er bzw. sie hat erste Priorität bei Gott. Manchmal ist es sehr hilfreich, wenn wir uns das wieder ins Gedächtnis rufen. Wenn wir die Geschichte des verlorenen Sohnes lesen, vergessen wir allzu oft, dass diese Geschichte sinnbildlich gemeint ist. Man ist geneigt zu glauben, dass sie nur ein Beispiel dafür ist, wie wir unseren Kindern vergeben sollen, und wir vergessen, dass sie eigentlich ein Beispiel dafür ist, wie Gott seinen Kindern vergibt. Die Geschichte soll uns lehren, wie Gott auf uns wartet und wie groß das Fest sein wird, das er bei unserer Heimkehr feiern wird.

Ich glaube, dass Gott für die Verlorenen große Dinge bereithält. Er möchte sie formen, möchte dabei aber nicht ihre Persönlichkeit zerstören. Er möchte, dass sie ihre Talente, Erfahrungen und ihre neu gefundene Leidenschaft ebenso bringen wie auch ihre Fragen und Enttäuschungen und er möchte, dass sie im Familienunternehmen mitarbeiten – dem Königreich des Himmels, hier und jetzt, damals und in alle Ewigkeit.

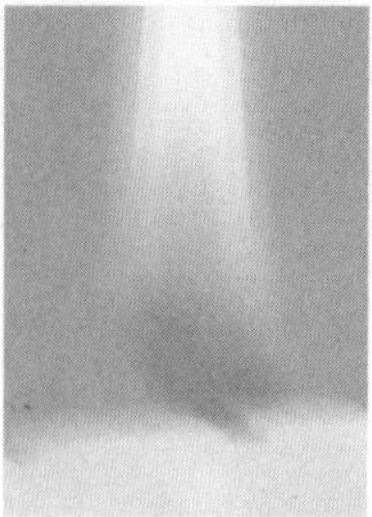

Kapitel 4

Es wird Zeit, mit dem Verurteilen aufzuhören und Gemeinschaft zu haben

Eine der deutlichsten Erinnerungen an meine Jugendzeit ist die an ein Gemeindetreffen, das an einem Septemberabend stattfand. In den Jahren zuvor hatte sich in der Gemeinde eine unterschwellige Unzufriedenheit mit der Leiterschaft entwickelt und jetzt war die Spitze des Eisbergs erreicht. Die Zeit war reif und die Herde wollte nun den Hirten genau ihre Meinung mitteilen. Und einige von ihnen taten das auch. Einer von ihnen teilte einem der Leiter mit, er sei für die Leitung der Gemeinde nicht geeignet, weil sein Sohn, der gerade im Teenageralter war, eine rebellische Phase durchmache. Ich weiß noch genau, wie der Leiter versuchte, so freundlich zu antworten wie er nur konnte, aber jeder konnte sehen, wie peinlich ihm das Ganze war.

Stille legte sich über die Anwesenden. Irgendwie schien jedem klar zu sein, dass hier etwas geschah, was entweder falsch oder dumm war. In Wahrheit war es beides. Dem Mann, der das gesagt hatte, waren zwei Fehler unterlaufen: Zum einen lag er mit seiner Interpretation der Bibel falsch, zum andern waren seine eigenen Kinder zu diesem Zeitpunkt noch im Krabbelalter. Wenn Sie die Kinder anderer Leute kritisieren wollen, dann sollten Sie warten, bis Ihre eigenen Kinder wenigstens neunzig sind – ansonsten werden Ihre eigenen Worte irgendwann auf Sie zurückfallen. Kinder verändern sich. Und deshalb – egal, ob sie uns im Moment gerade das Herz brechen oder ob sie den Anschein machen, als seien sie Engel – ist es das Beste, sich an die Worte Yogi Berras, eines der besten Baseballspieler Amerikas, zu erinnern: »Es ist erst aus, wenn es aus ist.«

Diese Art der Verurteilung wird sehr schnell ausgesprochen, weil wir in den christlichen Gemeinschaften manchmal den Eindruck vermitteln, als bekämen wir durch eine gewisse Anzahl an Richtlinien, denen wir Folge leisten, die Garantie dafür, dass unsere Kinder sich genau so entwickeln werden, wie wir es immer gehofft haben. Ein Freund von mir wurde kürzlich gebeten, eine Predigt zu dem Thema »Wie wir unsere Kinder zur Gottgefälligkeit erziehen« zu halten.

Gibt es tatsächlich Schritte, die wir gehen, Programme, denen wir folgen, oder biblische Anordnungen, denen wir gehorchen können und die uns helfen, im Leben unserer Kinder ein starkes Fundament zu bauen? Ja, die gibt es.

Ist es möglich, dass wir unseren Kindern Lektionen über Gott, andere Menschen und über sie selbst beibringen, die ihnen für ihr gesamtes Leben zugute kommen? Selbstverständlich.

Können wir mit dem Heiligen Geist kooperieren, indem wir unseren Teil als Eltern erfüllen und unseren Kindern dabei helfen, Gott zu lieben und ihm dienen zu wollen? Auf jeden Fall.

Wir können jedoch nicht – und wir wären dumm, wenn wir glauben würden, dass wir es könnten – gewisse Handlungen vollziehen, unsere Rolle als Eltern auf bestimmte Weise erfüllen oder bestimmte Gebete beten, die uns das Recht geben, kategorisch zu behaupten: »So erzieht man Kinder zur Gottgefälligkeit.«

Es gibt Eltern, die es besser gemacht haben als die meisten anderen, deren Kinder jedoch allem, was ihnen lieb war, den Rücken gekehrt haben und es gibt jene, die es nicht so gut gemacht haben und deren Kinder Gott heute treu dienen. Sie und ich können keine gottgefälligen Kinder erziehen. Es ist nicht unsere Verantwortung – es ist zu schwer. Stattdessen sind wir dazu berufen, selbst ein gottgefälliges Leben zu führen.

Ich erinnere mich daran, wie mir vor einigen Jahren die Frau eines christlichen Leiters die Frage stellte: »Sie arbeiten doch bei ›Care for the Family‹ (eine von Rob Parsons gegründete gemeinnützige Organisation, vergleichbar mit Team.F). Wäre es da nicht paradox, wenn Ihre Kinder auf die schiefe Bahn gerieten?«

Vielleicht habe ich es mir nur eingebildet, aber während sie sprach, meinte ich, in ihren Augen einen kleinen Hoffnungsschimmer zu sehen, dass sie es täten. Ich antwortete: »Das wäre überhaupt nicht paradox. Meine Frau Dianne und ich haben uns bei der Erziehung die größte Mühe gegeben, aber es gibt keine Garantie.«

Dianne und ich danken Gott für jedes Anzeichen im Leben unserer Kinder, dass Gott an ihnen arbeitet, aber ich hätte dieses Buch nicht schreiben können, wenn es nicht auch Zeiten gegeben hätte, in denen wir wegen ihnen geweint haben. Was ich dieser Frau damals geantwortet habe, gilt immer noch: Es gibt keine Garantie – und unsere Kinder folgen Christus einen Tag nach dem anderen, wie wir alle das tun. Dabei kommen wir oft zu Fall und jeder Schritt geschieht durch die Gnade Gottes.

Viele von uns müssen darüber Buße tun, wie wir die Kinder anderer Leute verurteilt haben. Stattdessen müssen wir anfangen, uns gegenseitig zu unterstützen. Die Zeit ist gekommen, dass wir unsere Masken fallen lassen, dass wir anfangen zu sagen: »Das geht mir auch so«, und dass wir uns gegenseitig von der unerträglichen Last befreien, perfekte Eltern zu sein. Das Wundervolle daran ist: Wenn wir ehrlich zueinander sind, wenn wir gegenseitig für unsere Kinder beten, dann stellen die Erfolgserlebnisse der anderen mit ihren Kindern keine Bedrohung mehr für uns dar, sondern wir freuen uns darüber – weil es uns Hoffnung gibt für unsere eigenen Kinder.

Vor einiger Zeit erhielt ich den folgenden Brief. Der Vater, der ihn schrieb, erlaubte mir, ihn hier zu verwenden, um anderen damit Mut zu machen:

> *»Letztes Jahr im November wurden unsere beiden ältesten Söhne wegen eines Verbrechens für schuldig befunden und beide bekamen eine Gefängnisstrafe. Meine Frau und ich haben immer versucht, unsere Kinder nach christlichen Prinzipien zu erziehen, und so war es ein sehr großer Schock für uns, dass sie ein solches Leben führten.*
> *Brian ist in einer Jugendstrafanstalt untergebracht, James in einem Gefängnis für Erwachsene, was bedeutet, dass sie seit ihrer Verurteilung voneinander getrennt sind.*

Obwohl der Lebensstil unserer Söhne sich eine Zeit lang sehr von unserem eigenen unterschied, war unser Verhältnis innerhalb der Familie immer sehr eng. Wir haben eine fünfzehnjährige Tochter, Carol, und wir alle haben die beiden, sooft wir konnten, besucht. Brian und James wollen selten, dass andere sie während ihrer Besuchserlaubnis besuchen kommen.
Wir haben bis jetzt noch kein Elternpaar kennen gelernt, das sich in derselben Situation befindet, deshalb konnten wir nicht direkt aus der Erfahrung anderer lernen, aber unsere Gemeinde ist uns eine große Stütze. Eine Sache, von der wir glauben, dass sie entscheidend und von Gott geführt war, war unsere Ehrlichkeit und Offenheit, wenn wir darüber sprachen. Wir hielten die Gemeinde auf dem Laufenden und erzählten unseren Arbeitgebern und Kollegen von den Problemen unserer Söhne. Ich hatte das Gefühl, dass es wichtig war, es vor meinen Arbeitskollegen nicht geheim zu halten; sie waren meine Freunde, sie kannten meine Familie und machten sich Sorgen um uns.
Es gab so viele Menschen, die uns sagten, dass sie unsere Tapferkeit bewunderten, aber wir haben das Gefühl, dass wir unsere Kraft aus unserer Ehrlichkeit schöpften, und nicht, dass die Kraft zur Tapferkeit in uns selbst lag. Gott ermutigte uns dazu, offen zu sein, und er hat uns durch diese Situation hindurchgetragen auf eine Art und Weise, die uns befähigte, andere zu ermutigen. Menschen haben uns ihre Situationen anvertraut, die sie jahrelang geheim gehalten und wie eine Last mit sich herumgetragen hatten, und wir sind so dankbar, dass Gott uns das erspart hat.«

Ich weiß, dass wir nicht jedem unser Innerstes offenbaren können, und die Wahrheit ist, dass es Leute geben wird, die einfach nicht verstehen können, was Sie möglicherweise gerade mit Ihren Kindern durchmachen. Aber es wird andere Eltern in Ihrer Gemeinde geben, die verletzt sind, und bestimmt gibt es auch Eltern in der Nachbarschaft, denen Sie sich anvertrauen können. Treffen Sie sich mit ihnen, beten Sie mit ihnen, lachen und weinen Sie miteinander. Die Bibel sagt, dass wir die Lasten des anderen tragen sollen. Im eigentlichen Sinn bedeutet das, die Last leichter zu machen. Aber es gibt eine wichtige Qualifikation, die wir haben müssen, wenn wir das tun wollen. Thornton Wilder hat einmal gesagt: »Im Dienst der Liebe können nur die verwundeten Soldaten dienen.«

Im Königreich Gottes ist das schon immer so gewesen.

Gebet

Herr, vergib uns, wie wir uns gegenseitig
verurteilt haben.
Wir haben es alle getan.
Manchmal, wenn in unserem Familienleben
alles in Ordnung war,
haben wir negative Bemerkungen geäußert,
herumgenörgelt und es manchmal
zu sehr genossen,
anderen Ratschläge zu geben.
Nun, Herr, damit ist es jetzt vorbei.
Wir bilden uns nicht mehr länger ein,
dass wir ein Recht haben
zu predigen, zu lehren oder zu kritisieren.
Wir haben geweint, sind nun selbst verwundet.
Herr, lass diesen Schmerz nicht umsonst sein.
Lass ihn lieber die Ursache dafür sein,
dass wir zu jenen gehen,
die wir vielleicht kritisiert haben,
damit wir unseren Arm um sie legen
und sie an uns drücken.
Denn wir tragen einander und rufen gemeinsam
aus zerbrochenem Herzen:
»Herr, erbarme dich.«

Zum Nachdenken

Gepriesen sei der Gott und Vater unseres Herrn Jesus Christus! Er ist ein Vater, dessen Erbarmen unerschöpflich ist, und ein Gott, der uns nie verzweifeln lässt. Auch wenn ich viel durchstehen muss, gibt er mir immer wieder Mut. Darum kann ich auch anderen Mut machen, die Ähnliches durchstehen müssen. Ich kann sie trösten und ermutigen, so wie Gott mich selbst getröstet und ermutigt hat.
2. Korinther 1,3–4

»Im Dienst der Liebe können nur die verwundeten Soldaten dienen.«
Diejenigen, die verwundet wurden und mit den Narben leben müssen, haben oft das größte Verständnis für den Schmerz der anderen. Es ist mehr als nur eine gemeinsame Erfahrung oder das Zeigen von Mitgefühl. Es kann eine »Gemeinschaft der Leidenden« sein. Wir fühlen uns durch unsichtbare, aber unzerreißbare Bande miteinander verbunden. Das Wissen, dass ein anderer unseren Schmerz versteht, kann befreiend sein. Der Schmerz geht vielleicht nicht weg, aber er wird auf einmal erträglicher.
Danken Sie Gott für die Person, mit der Sie die Gemeinschaft des Leidens teilen können bzw. teilen konnten. Oder beten Sie, dass er Ihnen jemanden zur Seite stellt, mit dem Sie das erleben können.

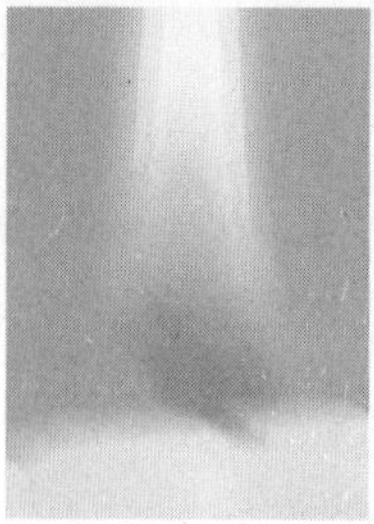

Kapitel 5

Die lebensverändernde Kraft der Vergebung freisetzen

Wenn Liebe die größte Kraft auf dieser Erde ist, dann ist Vergebung die zweitgrößte. Ohne Vergebung sterben wir innerlich. Mit ihr können wir zwar immer noch die Erinnerungen mit uns herumtragen, aber zumindest können wir vorwärts gehen. Aber für diejenigen, die um die Verlorenen weinen, gibt es manchmal so viele Dinge, die zu verzeihen sind.

Manchmal müssen wir denen vergeben, die diejenigen verletzt haben, die wir lieben. Ich bin denen am meisten dankbar und stehe lebenslang in ihrer Schuld, die für meine Kinder da gewesen sind, und ich bin am tiefsten verletzt worden durch die, die sie verletzt haben. Vielleicht machen wir anderen Vorwürfe, die sich an der Rebellion unserer Kinder beteiligt haben, die gerichtet haben, anstatt zu helfen, die in unserer tiefsten Niedergeschlagenheit uns gegenüber negative Bemerkungen geäußert haben, dann, wenn wir ihren Trost am nötigsten gehabt hätten. Aber wir müssen ihnen vergeben – selbst wenn es unser Ehemann oder unsere Ehefrau ist. Wir müssen damit aufhören, der Verletzung in uns Raum zu geben. Wir müssen sie loslassen.

Und obwohl wir unsere Verlorenen lieben, müssen wir ihnen manchmal vergeben, weil sie uns unter Umständen schlecht behandelt haben. Vielleicht haben sie uns ins Gesicht gesagt, dass sie von unserer Liebe, unsere Sorge um sie und von unserem tiefen Wunsch, sie auf den guten Weg zu führen, nichts wissen wollen. Wir müssen ihnen auch dann vergeben, wenn sie uns immer noch verletzen. Vielleicht würden wir lieber sagen: »Wenn er nur mit diesem Lebensstil aufhören oder von seinen Trinkgewohnheiten und den Drogen lassen würde.« Oder: »Wenn sie doch nur diesen Mann verlassen würde, der ihrem Leben so schadet, dann könnten wir ihr vergeben.« Aber wir müssen auch dann vergeben, wenn es keine Anzeichen dafür gibt, dass sie sich ändern.

Was ist die Alternative zur Vergebung? Es ist Ablehnung. Und auf Ablehnung folgen häufig Isolation und Bitterkeit und die, die wir versuchen zurückzuziehen, stoßen wir damit oft noch weiter von uns. Ein junger Mann schrieb seinen Eltern, dass er seine Verlobte unter allen Umständen heiraten würde, egal, ob mit oder ohne ihre Zustimmung. Vielleicht war das sehr eigensinnig und unsensibel von ihm. Trotzdem verschlug es ihm den Atem, als er den Brief las, den er daraufhin von seinem Vater erhielt. Darin stand: »Die Mühe, uns eine Einladung zur Hochzeit zu schicken, kannst du dir sparen. Wir haben keinen Sohn mehr.«

Wenn wir vergeben, können wir auch weiter lieben. Es gibt keine größere Demonstration der Liebe als den Tod Jesu, aber diese Liebe konnte nur deshalb bestehen bleiben, weil Jesus selbst dann noch, als sie ihm die Nägel in seine Hände schlugen, ausrief: »Vater, vergib ihnen.« Vergebung ist nicht Disney World. Sie findet statt in der realen Welt, in der es tiefe Verletzungen, zerschlagene Hoffnungen und gebrochene Versprechen gibt. Aber ohne sie gibt es für unsere Verlorenen keine Hoffnung.

Ernest Hemingway schrieb eine Kurzgeschichte, die sich in Spanien abspielt. Sie handelt von einem Vater und seinem Sohn, die sich so sehr zerstritten, dass der Sohn nach Madrid fortlief. Der Vater sagte, er wolle nichts mehr mit ihm zu tun haben. Jahre später wurde dem Vater klar, dass er zu hart gewesen war, und er wollte die Angelegenheit wieder ins Reine bringen. Er setzte eine Anzeige in der Madrider Zeitung auf, in der stand: »Paco, bitte komm am Dienstagmittag zum Hotel Montana. Ich habe dir alles vergeben. Papa.«

Doch den Namen Paco gibt es in Spanien sehr häufig und als der Vater beim Hotel auftauchte, musste er sich zuerst durch eine Menschenmenge zwängen. Es waren alles junge Männer mit dem Namen Paco – und alle sehnten sich danach, mit ihrem Vater versöhnt zu werden.

Dann ist da natürlich noch jemand, der unter Umständen die Vergebung nötig hat. Denn trotz all dem, was ich über die Freiheit von Schuldgefühlen gesagt habe, gibt es Momente, in denen uns bewusst wird, dass wir unseren Kindern Unrecht getan haben, dass wir durch unser Verhalten mit dazu beigetragen haben, dass sie sich jetzt in einem »fernen Land« aufhalten. Vielleicht hat unsere Gesetzlichkeit, unser kontrollierendes Wesen oder die Affäre, die wir hatten, sie von uns fortgetrieben. Was auch immer wir getan haben, wir müssen Gott um Vergebung bitten und dann unsere Verlorenen. Es fällt sicher nicht leicht, jemanden um Vergebung zu bitten, der einen immer noch sehr verletzt, aber es liegt eine große Kraft darin. Und manchmal werden unsere Verlorenen dadurch ihres eigentlichen Beweggrunds für ihre Rebellion beraubt.

Und zum Schluss werden wir durch Gottes Gnade das Schwerste von allem vollbringen – dass wir uns selbst vergeben. Und wenn das geschieht, wird das Gleichnis plötzlich auf eine neue Art lebendig. Denn wenn wir uns die Gestalt ansehen, die dort die Straße herunterkommt, sehen wir plötzlich, dass dieses dreckige, tränenverschmierte Gesicht unser eigenes Gesicht ist; wir kommen nach Hause, tief beschämt, und hören, wie der Vater sagt: »Legt ihm einen Mantel um, zieht ihm Schuhe an und steckt ihm einen Ring an seinen Finger.« Und dann ist der Zeitpunkt gekommen, wo wir entdecken, was wir tief in unserem Herzen schon die ganze Zeit über wussten:

Wir selbst sind der verlorene Sohn.

Gebet

Barmherziger Gott,
gib uns die Gnade, unserem Kind zu vergeben,
die Verletzung loszulassen, die nicht gehaltenen
Versprechen, die unerfüllten Träume.
Denn ohne Vergebung wird die Liebe sterben,
die doch eigentlich leben muss.
Die Zukunft wäre gefüllt von Bitterkeit,
wo sie mit Hoffnung gefüllt sein sollte.
Da, wo sie sich lustig machen, uns mit
Verachtung überschütten und uns
alle Würde stehlen, hilf uns zu vergeben.
Denn wenn sie unsere Vergebung nicht kennen,
werden sie auch nicht unsere Liebe kennen.
Und unsere Liebe ist vielleicht alles,
was sie haben.
Vater, hilf uns, ihnen zu vergeben –
denn sie wissen nicht, was sie tun.

Zum Nachdenken

Wenn wir behaupten: »Wir sind ohne Schuld«, betrügen wir uns selbst und die Wahrheit lebt nicht in uns. Wenn wir aber unsere Verfehlungen eingestehen, können wir damit rechnen, dass Gott treu und gerecht ist:
Er wird uns dann unsere Verfehlungen vergeben und uns von aller Schuld reinigen.
1. Johannes 1,8–9

Seht doch, wie sehr uns der Vater geliebt hat!
Seine Liebe ist so groß,
dass er uns seine Kinder nennt.
1. Johannes 3,1

»Wir sind so sehr damit beschäftigt, Eltern zu sein, dass wir vergessen, was Gott sich die ganze Zeit über am meisten von uns wünscht: dass wir seine Kinder sind.«

»... Und dann ist der Zeitpunkt gekommen, wo wir entdecken, was wir tief in unserem Herzen schon die ganze Zeit über wussten: Wir sind selbst der verlorene Sohn.«

Du kannst jederzeit nach Hause kommen

Während Sie für die Verlorenen beten, die Ihnen auf dem Herzen liegen, möchten Sie vielleicht über folgenden Brief nachdenken, den eine Mutter, die ich gut kenne, geschrieben hat. Vielleicht möchten Sie ihre Worte ja sogar zu Ihren eigenen machen und den Brief an jemanden verschicken.

Vielleicht bist du überrascht, von mir zu hören. Es ist schon einige Zeit her, dass wir miteinander geredet haben, und noch länger, dass wir uns gesehen haben. Aber ich habe immer wieder an unsere letzte Unterhaltung gedacht und versucht, mich an jedes Wort zu erinnern. In meinem Herzen und in meinen Gedanken bin ich unser letztes Zusammentreffen immer wieder durchgegangen.

Zwischen uns sind Worte gefallen, die besser unausgesprochen geblieben wären. Andere Worte hätten eher eine Brücke zwischen uns gebaut, auf der wir uns jetzt entgegenkommen könnten, aber diese Worte haben sich schon in nichts aufgelöst, bevor sie überhaupt unsere Lippen erreichten. Beides bedaure ich schmerzlichst.

Aber nicht alle Erinnerungen sind schmerzhaft. Oft spule ich das Band wie bei einem Videofilm noch weiter zurück und sehe dich vor mir, wie du damals als Kind über den felsigen Strand geklettert bist oder mir mit einem aufgeregten Lächeln im Gesicht entgegenranntest, um mir einen Schatz zu zeigen. Ich kann immer noch deine Hand in meiner spüren wie damals, als du mich dazu drängtest, auf einer Straße dem Wind entgegenzulaufen, oder mich zurückhieltest, weil du ein winziges Insekt beobachten wolltest, das auf einer noch langsameren Reise war. Ich erinnere mich daran, wie du größer wurdest. Die Herausforderungen, mit denen du konfrontiert wurdest, und die Freunde, die du hattest. Den Stolz, den ich bei alldem gefühlt habe.

Dann frage ich mich, ab wann die Dinge zwischen uns falsch liefen. Wann wir aufgehört haben zu reden und anfingen, uns anzuschreien. Wann das Schreien schließlich dem Schweigen den Weg räumte und das Schweigen der Abwesenheit wich.

In letzter Zeit bist du Wege gegangen, die ich mir für dich nicht gewünscht habe. Aber, wie du so oft sagst, es ist dein Leben und du musst deine eigenen Entscheidungen treffen. Ich habe diese Entscheidungen akzeptiert, wie sehr sie sich auch von meinen eigenen unterscheiden.

Ich möchte, dass du weißt, dass meine Liebe zu dir größer ist als diese Unterschiede. Dass trotz all dem, was sich als Hindernis zwischen uns gestellt hat, die Liebe, die ich für dich empfinde, stark genug ist, um diese Hindernisse aus dem Weg zu räumen, wenn auch nur Stück für Stück, ganz gleich, wie lange es dauern mag.

Wir brauchen beide die Vergebung des anderen. Es ist wichtig, dass wir die Worte hören, nach denen wir uns die ganze Zeit gesehnt haben. Ich glaube, dass es dafür nie zu spät ist.

Vielleicht beschließt du, diese Worte zu ignorieren. Sie machen dich vielleicht wütend, lassen vielleicht Erinnerungen in dir aufleben, die du längst vergessen glaubtest. Ich verstehe das. Aber als deine Mutter kann ich nicht aufhören, dich zu lieben, dich um Vergebung zu bitten und dir meine Vergebung anzubieten. Egal, was in der Vergangenheit passiert ist und was auch gerade in deinem Leben geschieht, ich liebe dich, ich bin für dich da und du kannst jederzeit nach Hause kommen.

Mama

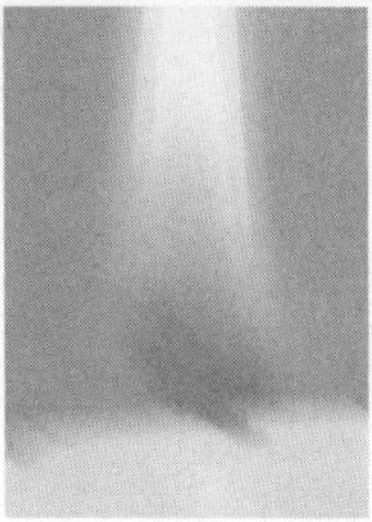

Kapitel 6

Das Zuhause für ihre Rückkehr vorbereiten

Ich werde niemals die Prophezeiung eines alten Mannes vergessen: »Wenn das Haus des Vaters mit der Liebe des Vaters erfüllt ist«, sagte er, »werden die Verlorenen wieder heimkehren.« Wenn er Recht hat, dann ist vielleicht der Zustand in unseren Gemeinden das größte Hindernis bei der Rückkehr unserer Verlorenen.

Wenn ich Leuten begegne, die sich entschlossen haben, nicht mehr die Gemeinde zu besuchen, erzählen sie mir selten, dass der Grund dafür eine Glaubenskrise ist oder dass sie von Gott enttäuscht sind. Nein, vielmehr reden sie über Beziehungen innerhalb der Gemeinde und manchmal von einer speziellen Person, die sie tief verletzt hat. Es ist nie leicht, damit umzugehen, weil sie möglicherweise zu viel von anderen erwartet haben und sie natürlich selten ganz unschuldig sind. Nichtsdestotrotz, irgendwie haben wir es ihnen schwer gemacht zu bleiben und manchmal haben wir es ihnen fast unmöglich gemacht, wieder zurückzukommen.

Einer der ernüchterndsten Aspekte des Gemeindelebens ist das Bewusstsein, dass die Art, wie wir miteinander umgegangen sind, einigen unserer Kinder Anlass gegeben hat, dem, was wir glauben, den Rücken zuzukehren. Während des größten Teils ihres jungen Lebens haben sie Christen gesehen, die sich gegenseitig bekämpften und über Unwesentliches stritten. Sie haben still dabei zugesehen, wie Gemeindemitglieder, vielleicht einschließlich ihrer Eltern, sich gegenseitig kritisiert und verletzt und die geächtet haben, die sie eigentlich lieben sollten. Wir vergessen, dass solche Haltungen es anderen sehr schwer machen, Christus nachzufolgen. Eines von Jesu letzten Gebeten war: »Vater, ich bitte dich, dass sie eins seien, damit die Welt glaubt, dass du mich gesandt hast.«

Es liegt etwas Geheimnisvolles in der Art, wie Christen miteinander umgehen, die die Echtheit der Liebe Gottes zu seinem Volk widerspiegelt. Und trotzdem gibt es gerade auf dem Gebiet der Liebe innerhalb der Gemeinden solche Schwierigkeiten. Wo immer ich hinreise, finde ich Gemeinden, in denen es Spaltungen gibt. Es gibt Streitereien über die Art der Anbetung, über Jugendprogramme oder über den Aufbau von Projekten. Viele verlassen ihre Gemeinde und schließen sich anderen an, nur um nach einigen Jahren auch diese neue Gemeinde wieder zu verlassen, weil sie es ebenfalls nicht geschafft hat, ihren Anforderungen gerecht zu werden.

Viele von uns haben eine äußerst kritische Haltung im Umgang mit anderen entwickelt, die es unseren Kindern sehr schwer macht zu glauben, dass Gottes Liebe bedingungslos ist. Ich rate Eltern dringend, Gemeindeleiter oder andere Gemeindemitglieder in Gegenwart ihrer Kinder nicht zu kritisieren. Wie oft wird sonntags beim Mittagstisch darüber diskutiert, was an der Predigt und der Musik alles falsch war oder was für ein hoffnungsloser Fall der Jugendpastor ist.

Sie und ich haben nicht das Recht, einer Gemeinde anzugehören, die in jeder Hinsicht zu uns passt. Die große Tragödie in den meisten Gemeinden heutzutage ist, dass wir zu der Überzeugung gekommen sind, die Gemeinde sei für uns. Wir haben vielleicht evangelistische Programme und unzählige andere Aktivitäten, aber in unseren Herzen haben wir eine genaue Vorstellung davon, wie sie abzulaufen haben, und wehe der Leiterschaft, die sich nicht danach richtet. Aber so sollte es unter uns niemals zugehen. Paulus beschreibt die Qualität von Beziehungen, die einer zerbrochenen Welt die ganze Liebe Gottes demonstriert, folgendermaßen:

> *Die Liebe darf nicht geheuchelt sein ... Liebt einander von Herzen als Brüder und Schwestern und ehrt euch gegenseitig in zuvorkommender Weise ... Wünscht denen, die euch verfolgen, Gutes. Segnet sie, anstatt sie zu verfluchen. Freut euch mit den Fröhlichen und weint mit den Traurigen. Seid alle miteinander auf Einigkeit bedacht. Strebt nicht hoch hinaus, sondern gebt euch für die undankbaren Aufgaben her. Verlasst euch nicht auf eure eigene Klugheit. Wenn euch jemand Unrecht tut, dann zahlt es niemals mit gleicher Münze heim. Seid darauf bedacht, vor den Augen aller Menschen bestehen*

zu können. Soweit es möglich ist und auf euch ankommt, lebt mit allen in Frieden. Nehmt keine Rache, holt euch nicht selbst euer Recht, meine Lieben, sondern überlasst das Gericht Gott. Er sagt ja in den Heiligen Schriften: »Ich bin der Rächer, ich habe mir das Gericht vorbehalten, ich selbst werde vergelten.«
Römer 12,9–19

Ich denke gerade an ein Mädchen im Teenageralter, dessen Erfahrung mit seiner Gemeinde ganz und gar nicht mit diesen Worten übereinstimmte. Tatsächlich sah es seinen Vater, den Gemeindeleiter, vor sich, der sich am Rande eines Nervenzusammenbruchs befand, weil er unter dem Druck stand, mit bitterer und anhaltender Kritik fertig zu werden. Als Lucy im Alter von sechzehn Jahren schwor, sich niemals mehr in einer Gemeinde blicken zu lassen, kehrte sie nicht Gott den Rücken zu, sondern der Gemeinde.

Das Beängstigendste bei der Erziehung unserer Kinder ist, dass sie unsere eigenen Werte so leicht aufnehmen. Sie beobachten uns, wie wir mit anderen umgehen, und ziehen daraus ihre Schlüsse, wie Gott mit uns umgeht. Wenn Sie Ihren Kindern beibringen wollen, dass Gott sie niemals liebt, wenn Sie es falsch machen wollen, dann lassen Sie sie einfach dabei zuhören, wie Sie über die unverheiratete Tochter eines der Ältesten herziehen, weil sie gerade schwanger ist. Viele Verlorene haben sich sogar noch weiter entfernt, weil sie aufgrund ihrer Erfahrungen mit der Gemeinde in früheren Jahren glauben, dass es keinen Weg mehr zurück gibt, wenn man erst einmal gefallen ist. Aber auch das Gegenteil ist der Fall. Wenn sie sehen, dass wir versuchen, mit Mitgefühl und vollkommener Liebe für die Wahrheit einzustehen, werden sie zu der Überzeugung kommen, dass das die Art ist, wie Gott sich ihnen gegenüber verhält.

Ich erinnere mich an eine Begebenheit, wie herauskam, dass ein Gemeindeleiter einen ernsthaften Verstoß gegen die moralische Ordnung begangen hatte. Die Zeitungen waren voll von dieser Geschichte und auch die Christen ergötzten sich daran, über sein fehlerhaftes Verhalten zu diskutieren. An einem Sonntag kam die zehnjährige Tochter eines anderen Gemeindeleiters dieser Gemeinde nach Hause und sagte zu ihrem Vater: »Papa, die Leute in der Gemeinde sagen, dass dieser Mann wirklich schlimme Dinge getan hat.« Ihr Vater dachte einen Moment lang nach und antwortete ihr dann: »Liebling, er hat schlimme Dinge getan, aber wenn er Gott ehrlich dafür um Vergebung bittet, dann wird er ihn mit Freuden wieder bei sich aufnehmen.«

Dieser Leiter erzählte mir später: »Als meine Tochter an diesem Tag mit mir darüber sprach, war das praktisch ein heiliger Moment. Natürlich missbillige ich, was dieser Mann getan hat, aber wenn ich mich einfach nur an der Verurteilung beteiligt hätte, was hätte meine Tochter dann gedacht, wenn sie eines Tages gefallen wäre? Ich möchte, dass sie weiß, dass es immer einen Weg zurück gibt.«

Wenn Sie wirklich radikal sein wollen, dann tun Sie, was Jesus gesagt hat, und laden Sie Ihre Feinde zu Ihren Festen ein. Arbeiten Sie daran, die Unterschiede untereinander mehr und mehr zu tolerieren, hören Sie auf zu tratschen und »liebe Brüder und Schwestern, verleumdet einander nicht! Wer seinen Bruder oder seine Schwester verleumdet oder verurteilt, verleumdet und verurteilt damit das Gesetz Gottes, das ein solches Verhalten untersagt. Anstatt das Gesetz zu befolgen, wirft er sich zum Richter auf«

(Jakobus 4,11). Hören Sie auf, so viel zu verurteilen, und, vor allem, vergeben Sie einander. Wenn Sie auf diese Weise ein herausforderndes Verhalten an den Tag legen, landen Sie vielleicht immer noch nicht in der Gemeinde Ihrer Träume – aber die Verlorenen werden wieder nach Hause kommen.

Gebet

Herr, wir tun Buße über den Zustand
deines Hauses.
Bevor du ans Kreuz geschlagen wurdest, war es
dein Wunsch und dein Gebet,
dass es vor allem mit Liebe gefüllt sein soll.
Wir haben es gefüllt mit Programmen,
Zusammenkünften, Protokollen
und vollen Terminkalendern,
aber die Liebe ist manchmal
nur schwer zu finden.
Was tun wir uns nur gegenseitig an!
Wie leicht reden wir übereinander,
schaden dem Ruf des anderen,
treten und schlagen um uns,
um uns unseren Weg zu bahnen,
und wir verletzen die, für die du gestorben bist.
Manchmal ist es leichter, in der Welt draußen
zu überleben,
als innerhalb deiner Gemeinde.
Vergib uns. Und vergib uns besonders dann,
wenn unsere Kritik, unsere scharfen Zungen,
unser Mangel an Liebe
es manchen leicht gemacht haben,
dein Haus zu verlassen, oder

es ihnen schwer gemacht haben
zurückzukommen.
Und hilf uns, dass wir uns ändern.
Das Urteilen und
die klein karierten Kämpfe und Streitereien
abzulegen
und stattdessen den Tisch zu decken,
ein Fest zu feiern und
die Eingänge zu schmücken.
Und in die Dunkelheit der Nacht hinauszurufen:
»Gib uns noch eine Chance, dich zu lieben
und uns untereinander zu lieben.
Das Haus ist nicht perfekt, aber es ist gereinigt
und sauber und eine Lampe ist angezündet.
Komm nach Hause.«

Zum Nachdenken

»Vater, die Stunde ist gekommen! ... Ich bete nicht nur für sie, sondern auch für alle, die durch ihr Wort von mir hören und zum Glauben an mich kommen werden. Ich bete darum, dass sie alle eins seien, so wie du in mir bist, Vater, und ich in dir. So wie wir sollen auch sie in uns eins sein, damit die Welt glaubt, dass du mich gesandt hast.«
Johannes 17,1.20–21

Vierundzwanzig Stunden nachdem Jesus dieses Gebet gesprochen hatte, war er tot und beerdigt.

»Wenn das Haus des Vaters mit der Liebe des Vaters erfüllt ist, werden die Verlorenen nach Hause kommen.«

Was kann ich in meiner Gemeinde tun, um diese Liebe zu vermehren und ihre Rückkehr zu beschleunigen?

Julies Geschichte

Als ich vierzehn Jahre alt war, zog unsere Familie ins Ausland, weil meine Eltern ein neues Amt als Gemeindeleiter aufnehmen sollten. Meine Eltern arbeiteten hart, man hätte sie wohl als »dynamische« Gemeindeleiter bezeichnen können. Es fiel mir wirklich schwer, meine alte Schule und meine Freunde zurückzulassen. Ich fühlte mich sehr verletzbar und unsicher. Es gab eine Menge Probleme. Die anderen Kinder in meiner Schule waren, im Gegensatz zu mir, stinkreich. Nach der Schule standen sie alle beieinander und rauchten Zigaretten. Ich fühlte mich total ausgeschlossen. Ich brauchte Bestätigung und konnte nicht mithalten. Es war so schwer, ein Christ zu sein, und es schien auch so bedeutungslos. Und das war der Moment, in dem alles anfing, verkehrt zu laufen – der Anfang von meinem Weg in die Verlorenheit. Ich erinnere mich daran, wie ich zusammen mit fünf anderen Mädchen in einem Café saß und um eine Zigarette bat. Sie wollten mir keine geben, es sein denn, ich lernte, den Rauch zu inhalieren, denn sie wollten nicht, dass ich ihre Zigaretten einfach so verpaffte.

Ich besuchte diese Schule zwei Jahre lang und wechselte dann auf eine andere. Das war die Hölle. Ich maskierte mich mit weißem Make-up, nicht nur, um mich zu verstecken, sondern auch, damit ich zu den anderen passte.

Als ich zum College ging, um mein Abitur zu machen, begegnete ich dort einem Mädchen – Karen. Sie war cool. Ich weiß nicht, woran das lag. Ich erinnere mich daran, wie ich in der Schule eine Unterhaltung mit ihr führte und mir aus irgendeinem Grund der Gedanke kam, dass sie nicht mehr Jung-

frau sei. Also erzählte ich ihr, dass ich natürlich mit fünfzehn das erste Mal mit einem Jungen geschlafen hatte, und das war der Moment, in dem ich mit dem Lügen anfing. Ich entwickelte ein heimliches Leben, von dem meine Eltern keine Ahnung hatten. Ich sank immer tiefer. Ich war nicht fähig, mitzuhalten und perfekt zu sein, fühlte mich intellektuell gesehen wie ein Taugenichts und verspürte eine allgemeine Enttäuschung. Dies trieb mich dazu, mich in einer anderen Welt zu verstecken.

Karen und ich hatten viel »Spaß« miteinander. Wir küssten Jungs und zogen durch die Clubs. Ich erinnere mich daran, wie mein Vater einmal in mein Zimmer kam, sich auf meine Bettkante setzte und mir zu verstehen gab, dass er nicht wollte, dass ich mich mit ihr herumtrieb. Ich sagte: »Nein, natürlich nicht«, aber insgeheim dachte ich: »Auweia, hoffentlich findet er nicht heraus, dass ich gestern Abend schon mit ihr zusammen weg war.« Wenn ich zurückblicke, war diese Zeit schrecklich. Karen konnte die Kreditkarten ihres Vaters benutzen und, nun, ich log meine Eltern einfach an, um ausgehen zu können und unseren haarsträubenden Lebensstil zu genießen.

Karen machte mich auch mit dem Modeln vertraut. Sie besaß eine sehr teure Fotoausrüstung und machte zweiundsiebzig Schnappschüsse von mir, wie ich ausgestreckt auf Parkbänken lag – provokative Porträtaufnahmen, auf denen ich meine Lippen schürzte, um sexy zu wirken. Ich erinnere mich daran, wie ich sie mitnahm, um sie meiner Mutter und meinem Vater zu zeigen, und wie diese sie prompt beschlagnahmten mit der Begründung, dass dies pornografische Aufnahmen seien. Wenn ich zurückblicke, waren sie das vermutlich auch. Sie waren

nicht schön; ich sah darauf krank und unglücklich aus und viel zu dünn.
Auf dem College war ich wirklich schlecht. Meine einzigen Freunde waren Karen und die Jungs. Trotzdem kümmerten sie sich eigentlich nicht um mich. Ich wusste nicht, wie ich mit meinen Eltern kommunizieren sollte; mein ablehnendes Verhalten und meine Täuschungsversuche hatten eine große Wand zwischen uns aufgebaut und so rannte ich immer wieder weg.
Ich fing an, die Schule zu schwänzen. Ich schlenderte mehrere Tage hintereinander durch die Stadt, damit ich nicht zur Schule gehen und alleine am Mittagstisch sitzen musste, und um nicht mit den Konsequenzen konfrontiert zu werden, die erfolgen, wenn man seine Hausaufgaben nicht gemacht hat. Ich saß in Cafés und hatte kaum Geld. Die Tage waren furchtbar lang. Ich ließ den Termin für die Abgabe meiner Kunstarbeiten für das Abitur verstreichen, weil ich dachte, dass sie nichts wert seien, und ich fiel beinahe durch. Mein geistliches Leben war nicht existent. Die Beziehung zu meinen Eltern bestand nur aus Lügen und ich wusste keinen Ausweg – oft war ich von zu Hause weggerannt oder einfach nicht nach Hause gekommen. Und dennoch gaben sich meine Eltern alle Mühe, mir ihre Liebe zu zeigen. Oft kam ich nach Hause und fand eine Notiz von meiner Mutter, die sie für mich hinterlassen hatte. Leider wusste ich nicht mehr, wie man kommuniziert. Ich fühlte mich so schmutzig und traurig. Also führte ich meinen Lebensstil weiter wie bisher.
Eines Tages rannte ich fort. Die Person, zu der ich ging, hatte große Schuldgefühle meiner Mutter und meinem Vater gegenüber, weil diese nicht wussten,

wo ich war. Schließlich rief sie sie an. Ich erinnere mich daran, dass mein Vater auftauchte und mit ihrem Mann an der Haustür sprach, wie er darum bettelte, mich zu sehen, und wie ich es ablehnte. Als ich dann schließlich doch zustimmte, mit ihm zu reden, gingen wir in ein Café. Ich weiß noch, dass mein Vater mir einfach nur sagte, wie unwichtig alles andere sei und dass ich nur nach Hause kommen solle.

Jedenfalls war mein Vater an diesem Abend so liebevoll und so freundlich. Er streckte sich nach mir aus, kam mir auf halbem Weg entgegen und wollte, dass ich wieder nach Hause kam.

Aber mein Lebensstil blieb derselbe. Ich erinnere mich noch an so viele Dinge: Nachdem ein Junge mich praktisch dazu zwang, mit ihm zu schlafen, betrank ich mich, weil ich mich beschmutzt fühlte und dachte, ich könne nicht mehr nach Hause gehen. Also floh ich in den Stadtpark, sah aus wie ein menschliches Wrack und fühlte mich total durcheinander. Ich erinnere mich daran, dass mich ein paar Jungs auflasen und in einen Nachtklub brachten, dass ich durch eine dunkle Gasse ging und Drogen inhalierte, high wurde und anschließend Sex mit ihnen hatte – ich erinnere mich auch daran, wie ich danach einen Aidstest durchführen musste (und an die quälende Angst vor dem Ergebnis während der langen Zeit des Wartens).

Jedenfalls fühlte ich mich innerlich tot. Ich hasste die ganzen Lügen und ich hasste mich selbst. In mir entstand allmählich ein Hunger, ein Hunger nach etwas Realem, etwas, wofür es sich lohnte zu leben, etwas, wofür es sich lohnte zu sterben. Und so war ich an einem verregneten Abend einen feuchten Zigarettenstummel paffend unterwegs, als ich mich plötzlich auf dem Weg zum Stream wieder fand (ein Jugendgottesdienst, der jeden Samstagabend stattfand). Ich war dort monatelang nicht mehr gewesen, weshalb diese Tatsache umso merkwürdiger war. Ich kann mich erinnern, wie ich hineinging und mich in die hinterste Reihe setzte. Meine Haare hingen mir in mein Gesicht und verbargen es.

Es geschah während der Anbetung. Es war, als ob der Himmel sich öffnete. Ein heller Lichtschein und Wärme kamen von oben herab. Es war, als gäbe es niemanden außer Gott und mir. Und er sagte: »Du gehörst zu mir.« Es war wie ein richtiges Feuer, das vom Himmel herabfiel, und die Tränen liefen mir über das Gesicht, als ich Gott um Verzeihung bat, dafür, dass ich ihn nicht geliebt hatte, und darum betete, dass ich ihn kennen lernte. Und ich kann mich daran erinnern, dass ich an diesem Abend einfach nur Ja zu Gott sagte und dass ich nach Hause kommen wollte. Es war, als ob Gott sagen wollte: »Alles ist in Ordnung. Ich werde alle deine Bedürfnisse und Sehnsüchte stillen.« Und als die Tränen rollten und ich anfing, alles zu bereuen, spürte ich, dass Gott mir vergeben hatte und dass er mich liebte. Er sagte immer wieder: »Du gehörst zu mir.« Und ich antwortete: »Ich gehöre zu dir.« Es war so befreiend. Es war so wundervoll.

Und danach sagte ich meinen Eltern, dass es mir Leid tat, ich erzählte ihnen alles und sah zu, wie auch sie anfingen zu weinen. Und ich erfuhr, dass in der Zeit, in der sie für mich gebetet hatten, Dinge passiert waren – wie damals, als ich fortgelaufen war: Sie hatten gebetet, dass sie mich wieder finden würden, und meine Freundin hatte sie angerufen, um ihnen zu sagen, wo ich war.

Gott ist so erstaunlich. Jene Tage der Unsicherheit,

des Mangels an Vertrauen, des Mangels an Hoffnung und des Mangels an Freiheit scheinen nun in weiter Ferne zu liegen. Ich bin einfach nur in seinen Plan hineingelaufen und er hat eine Tür nach der anderen geöffnet. Ich konnte an einem Glaubensanfängerkurs teilnehmen und mache nun einen Fortgeschrittenenkurs. Ich traf Peter und wir haben geheiratet. Wir leiteten bei uns zu Hause eine Gruppe von Fünfzehn- bis Achtzehnjährigen. Es war großartig, die Jugendlichen zu treffen und offen mit ihnen zu sein. Ich konnte mich wirklich mit ihnen identifizieren. Es ist einfach wundervoll zu sehen, wie sie den Herrn kennen lernen, mit ihnen zu beten und über ihr Leben zu sprechen.

Meine Eltern haben sich die ganze Zeit über fantastisch verhalten. Sie haben niemals aufgehört zu beten – und ich weiß, dass sie auch niemals damit aufgehört hätten – nicht, ehe ich nach Hause gekommen wäre.

Kapitel 7

Geduldiges Warten und nachsichtiges Annehmen

Seit ich erwachsen bin, hat mich das Bild des Vaters in dem Gleichnis gefangen genommen, wie er die Straße hinunterläuft, seinem Jungen entgegen. Als der alte Mann ihn erreicht, nimmt er ihn in die Arme und fängt an, ihn zu küssen. Es ist ein wundervolles Bild. Ein Freund hat mir sogar noch mehr Licht hineingebracht. Er sagte: »Dieser Kuss ist ein ganz außergewöhnlicher Kuss – wegen des Schweinestalls.«

Ich fragte: »Was meinst du damit?«

Mein Freund erwiderte: »Der Junge roch nach Schweinestall, aber der Vater hat das nicht einmal erwähnt. Er legte ihm einen Mantel über seine dreckigen Kleider, steckte ihm einen Ring an die Hand, die immer noch mit Schweinefutter beschmutzt war, und zog ihm Schuhe an die Füße, die bei den Tieren im

Schlamm gestanden hatten. Er hätte zu den Dienern sagen können: ›Schnell! Bereitet für meinen Sohn ein Bad vor!‹, und zu dem Jungen: ›Sobald du dich gewaschen hast, kannst du ins Haus kommen.‹ Aber dieser alte Mann war weise genug, das nicht zu tun. Er wusste, dass er Geduld haben musste; dass es selbst dann, wenn der äußerliche Gestank von seinem Sohn gewichen war, Zeit brauchen würde, bis er alles hinter sich gelassen hatte. Die Gebete waren noch nicht alle beantwortet. Die Reise endete noch nicht damit, dass der Junge die Straße entlangkam. Es würde noch viel Zeit brauchen.«

Wenn unsere Verlorenen nach Hause kommen, müssen wir geduldig mit ihnen sein. Lassen Sie uns nicht als Erstes sagen: »Ich hoffe, du lässt dieses Leben nun ein für alle Mal hinter dir.« Sie sind vielleicht mitgenommen und voller Narben, verletzt und verwirrt. Wir können nicht von ihnen erwarten, dass sie alles sofort in Ordnung bringen. Einige von ihnen wissen noch nicht einmal, was sie in Ordnung bringen müssen. Sie wollen nicht unbedingt gleich ihre Sonntagskleider anziehen, zur Gebetsversammlung eilen oder ein Tischgebet sprechen, aber sie wissen, dass sie sich mehr als alles andere in der Welt wünschen, wieder zu Hause zu sein.

Ich denke zurück an einen Verlorenen, der sagte: »Papa, hab Geduld mit mir. Ich weiß, bei mir ist vieles noch nicht in Ordnung, aber ich möchte wirklich, dass sich mein Leben ändert und ich mit Gott wieder ins Reine komme.« In vieler Hinsicht ähnelt das eher einem anderen Gleichnis – sie brauchen einen Samariter, der bereit ist, ihre Wunden mit Öl zu säubern, sie zu lieben und ihnen einen Ort der Ruhe anzubieten.

Viele der Verlorenen, denen ich in den vergangenen Jahren begegnet bin, waren jahrelang Christen, bis sie dann aber auf irgendeine Art und Weise zerschlagen oder zerbrochen wurden – vielleicht von anderen Christen. Andere schämen sich schrecklich für das, was sie getan haben. Manchmal finden sie die Aussicht, sofort wieder in eine Gemeinde zu gehen, einfach noch zu abschreckend.

Viele Jahre lang boten Dianne und ich einmal in der Woche ein Treffen bei uns zu Hause an; wir nannten es »The Strugglers Group« (übersetzt: Gruppe der Kämpfenden). Alle möglichen Leute kamen dorthin. Einige von ihnen waren Verlorene, Menschen, die in der Mitte ihres Lebens standen, die irgendwie ihren Glauben verloren hatten und wieder einen Schritt auf Gott zugehen wollten, aber nicht wussten, wie. Andere von denen, die kamen, hatten ihr Leben lang damit verbracht, anderen zu geben, und fühlten sich jetzt völlig ausgelaugt. Einige glaubten überhaupt nicht an Gott. Aber wer auch immer sie waren und wie auch immer ihre Geschichte aussah – alle, die kamen, suchten für eine Weile nach einem sicheren Hafen.

Es herrschte eine große Akzeptanz untereinander. Oft lasen wir gemeinsam in der Bibel, aber genauso oft unterhielten wir uns einfach nur. Jede Woche beteten wir zusammen, aber ohne dass vom anderen erwartet wurde, sich daran zu beteiligen. Und niemals wurde einer gebeten, »das Thema für die nächste Woche« vorzubereiten. Die Wahrheit ist, oft hatten wir gar kein »Thema für die nächste Woche«! Wir hatten selten einen festgelegten Plan und offen gesagt waren wir vorher nie sicher, ob wir bei unserem nächsten Treffen darüber diskutieren würden, »warum Gott Leid zulässt«, oder ob wir uns gemeinsam einen Film im Fernsehen ansehen wollten. Und in der Regel regte sich niemand auf, wenn jemand anders etwas

Ausgeflipptes sagte. Nachdem eine Frau bereits sechs Monate lang gekommen war, sagte sie: »Am ersten Abend habe ich versucht, euch zu schocken. Aber keiner hat davon Notiz genommen.«

Ich glaube, das wichtigste Merkmal unserer Zusammenkünfte war, dass wir versuchten, die Menschen so zu lieben, wie sie waren, egal, was sie zu diesem Zeitpunkt gerade durchmachten. Und wir versuchten, ehrlich und aufrichtig miteinander umzugehen. Über die Jahre haben uns alle möglichen Leute gebeten, in die Gruppe kommen zu dürfen, und ich habe mich oft gefragt, warum einige von ihnen kamen, obwohl sie sich geschworen hatten, nie wieder eine Gemeinde zu betreten. Manche sagten, sie fühlten sich bei uns wie zu Hause, aber ich glaube, es steckte noch mehr dahinter. Ich habe das Gefühl, dass, wenn Menschen – die Leiter eingeschlossen – ihre Masken fallen lassen und sich ernsthaft nach Gott und zueinander ausstrecken, ihnen Jesus begegnet. Viele von denen, die kamen, entdeckten nicht nur ihren Glauben neu; sie gingen weiter, um anderen auf ihrer Reise zu helfen. Einige leiten jetzt selbst eine Gruppe.

Viele Verlorene wissen genau, wo sie verkehrt liegen, und die Leute waren auch nicht gerade zurückhaltend damit, sie auf ihre Fehler hinzuweisen. Aber sogar bei dem Versuch, wieder nach Hause zu kommen, war es manchmal sehr schwer, Ermutigung zu finden. Vielleicht haben Sie eine Tochter, die verloren war. Sie führte ein selbstsüchtiges Leben und kümmerte sich wenig um andere. Aber eines Tages ruft sie Sie an und sagt: »Mama, ich kann es nicht erklären, aber ich glaube wirklich, dass Gott zu mir spricht. Ich weiß, ich bin nicht so wie all die anderen, die in eure Gemeinde gehen, aber ich habe das Gefühl, dass es richtig wäre, wenn ich abends eine gewisse Zeit damit verbringen würde, mit Kindern zu arbeiten, die in Not sind. Es gibt immer noch so vieles, worüber ich mir nicht im Klaren bin, aber ich habe damit angefangen, in meinem Zimmer zu beten und Gott zu bitten, dass er mir vergibt, mich führt und mir hilft. Ich weiß, der Weg, den ich gehen muss, ist noch weit und ich verstehe noch nicht alles, was passiert, aber ich spüre, dass ich Gott brauche.«

Die Worte, die dieses Kind jetzt von seiner Mutter hören sollte, lauten nicht etwa: »Das ist ja toll. Kommst du nächsten Sonntag mit zur Gemeinde?«, sondern vielmehr: »Liebling, dafür haben wir die ganzen Jahre über gebetet. Gott hat dein Leben berührt. Wir sind so stolz auf das, was du für diese benachteiligten Kinder tust. Lass uns wissen, wie wir weiter für dich beten können.«

Haben Sie Geduld mit ihnen. Und haben Sie auch dann Geduld, wenn Sie noch warten müssen – und halten Sie Ausschau danach, was Sie tun können, um die Rückkehr Ihrer Verlorenen zu beschleunigen. Es könnte ein Brief sein, ein Besuch, eine Entschuldigung oder vielleicht einfach nur ein Anruf.

Ich erinnere mich daran, wie ich einmal zu einer großen Gruppe von Gemeindeleitern sprach. Ich redete davon, wie unsere Kinder uns manchmal das Herz brechen können. Zum Schluss sagte ich: »Einige von Ihnen wollen heute Abend vielleicht ihren Sohn oder ihre Tochter anrufen und ihnen sagen: ›Ich weiß, du hast alldem deinen Rücken zugekehrt, was wir jemals geglaubt haben, aber das hier ist dein Zuhause, die Tür steht dir jederzeit offen. Vergib uns, wenn wir dir jemals den Eindruck vermittelt haben, dass es anders ist. Wir lieben dich.‹«

Einige Tage später erhielt ich einen Brief von einem dieser Gemeindeleiter. Er schrieb darin: »Wir haben diesen Anruf noch an diesem Abend getätigt. Jetzt bauen wir wieder eine Beziehung auf, von der wir dachten, dass es sie niemals wieder geben würde.«

Manchmal bedeutet Annehmen, dass wir lernen, auch die zu lieben, die sie lieben. Eines Tages wurden Peter und Hilary mit der Nachricht konfrontiert, dass ihr Sohn Daniel mit seiner Freundin bei ihnen einziehen wolle. Danach blieben sie die halbe Nacht auf, um darüber zu reden. So traurig waren sie lange nicht mehr gewesen, aber in den frühen Morgenstunden nahm Hilary die Hand ihres Mannes und sagte: »Peter, mein ganzes Leben lang habe ich dafür gebetet, dass Dan jemanden heiraten würde, der Christus nachfolgt, aber so kommt es jetzt vielleicht nicht. Dan liebt sie und ich habe mich entschlossen, dass auch ich sie lieben werde. Und wenn es dir möglich ist, bitte ich dich, sie ebenfalls zu lieben.«

Von diesem Tag an wurde Sally jedes Mal, wenn sie das Haus betrat, umarmt und willkommen geheißen. Niemals vergaßen sie ihren Geburtstag, ihre Meinung wurde stets gefragt und respektiert. Kurz gesagt, Peter und Hilary liebten sie – auch wenn es zuerst nur ein Willensakt war. Dann, eines Tages, trennten sich Sallys Eltern und etwas Seltsames geschah. Sie lief direkt zu Hilary, um mit ihr zu reden – sie brauchte eine andere Frau. Hilary erinnerte sich daran, wie sie schluchzend in ihren Armen lag. Als Sally gegangen war, wandte sie sich zu Peter um und sagte: »Ich liebe dieses Mädchen, ich liebe sie wirklich und ich glaube, sie weiß das.«

Eines Tages sagte jemand nach dem Gottesdienst zu Hilary: »Ich habe gesehen, wie du gestern mit Sally einkaufen warst. Wie könnt ihr das billigen, was sie und Dan tun?« Hilary dachte einen Moment lang nach und sagte dann: »Ich habe es nicht gebilligt, ich bin nur mit ihr einkaufen gegangen. Und in jedem Geschäft und über jeder Tasse Kaffee habe ich ihr gesagt: ›Ich liebe dich.‹ Zuerst war das sehr schwer – du glaubst gar nicht, wie schwer mir das fiel. Aber, weißt du, ich versuche, mich ihr gegenüber zu verhalten, wie Jesus es getan hätte. Und es wird leichter, sie zu lieben.«

Manchmal brauchen unsere Verlorenen Zeit. Gott hat keine Eile. Hören Sie auf sein Wort:

> *Denn was ich dir jetzt offenbare, wird nicht sofort eintreffen, sondern erst zur festgesetzten Zeit. Es wird sich ganz bestimmt erfüllen, darauf kannst du dich verlassen. Warte geduldig, selbst wenn es noch eine Weile dauert!*
> Habakuk 2,3 (Hoffnung für alle)

Und schließlich sollten Sie sich den wahren Grund vor Augen halten, warum Jesus das Gleichnis erzählt hat. Das Traurige an dieser Geschichte ist das Verhalten des älteren Bruders und die schreckliche Verdammung all jener, die so sehr mit ihrer eigenen Frömmigkeit beschäftigt sind, dass sie die atemberaubende Gnade, die Gott mit den Verlorenen hat, nicht erkennen können – Menschen, für die Regeln wichtiger sind als die Vergebung. Jesus hatte mitbekommen, wie die religiösen Führer sich darüber beschwerten, dass er sich unter die Sünder mischte und mit ihnen an einem Tisch aß. Diese Gesetzeslehrer und Pharisäer gleichen dem älteren Bruder, der sich mit wehleidigen und klagenden Vermutungen über die Sünden äußerte, die sein jüngerer Bruder begangen hatte: »Er hat dein Geld bei den Prostituierten verschwendet.«

Dieser Geist lebt heute immer noch in uns, und wenn Ihre Verlorenen nach Hause kommen, dann beten Sie aus tiefstem Herzen, dass sie zuerst dem Vater begegnen und nicht dem älteren Bruder. Der ältere Bruder wird sagen: »Schön, dass du wieder zurück bist in unserer Gemeinde, aber kann ich da immer noch eine Fahne aus deinem Mund riechen? Und ich hoffe, du hast dich von der Frau getrennt, die dir nur geschadet hat. Vielleicht fängst du jetzt an, deine Verantwortung hier etwas ernster zu nehmen.«

Oh, dieser ältere Bruder! Der, der selbst gesündigt hatte, ohne jemals das Haus zu verlassen. Der, der es genauso nötig hatte, »nach Hause zu kommen« wie sein Bruder, der aber nie erfassen konnte, was wirkliche Liebe bedeutet – nämlich sie zu geben genauso, wie sie zu empfangen. Der Bruder, der niemals zu einem Fest ging – noch nicht einmal zu seinem eigenen.

Der ältere Bruder konnte einfach die unbesiegbare Natur der Liebe in seinem Vater nicht nachvollziehen. Er konnte seinem Vater die Freude nicht rauben, auch nicht mit einer Liste von gebrochenen Regeln oder mit der Begründung, dass alles so unfair sei. Sein Vater tanzte vor Freude: »Mein Sohn, aber wir müssen feiern. Dein Bruder war tot und ist wieder lebendig, er war verloren und ist wieder gefunden.« Allein das Wunder, dass sein Sohn wieder nach Hause zurückgekehrt war, hatte nicht nur seinen Schmerz, den er in den langen Jahren des Wartens verspürt hatte, in einem einzigen Moment weggeschwemmt, sondern auch das Getratsche, die schlaflosen Nächte und die alles verzehrenden Ängste.

Es war vorbei.

Sein Junge war wieder zu Hause.

Gebet

Oh Herr, ich erinnere mich noch so deutlich an den ersten Moment, als ich ihn in meinen Armen hielt. Er war so winzig. Ich war so stolz und ich war dir so dankbar, dass bei der Geburt alles gut gegangen war. Als ich sein Gesicht betrachtete, betete ich zu dir: »Herr, segne dieses Kind und beschütze es vor allem Bösen. Begleite diesen Jungen in jedem Augenblick seines Lebens und schenke, dass du ihm lieb wirst und er dir gerne dient.«

Er ist größer geworden und er ist ein guter
und liebenswerter Sohn.
Ich bin immer noch sehr stolz auf ihn
und danke dir für ihn.
Er ist schon lange nicht mehr zur Gemeinde gegangen.
Heißt das, dass du nicht länger mit ihm gehst?
Dass er dich niemals richtig geliebt hat?
Dass er dir niemals dienen wird?

Herr, bewahre mich vor dem Zweifel
und vor Mangel an Glauben.
Ich werde das Gebet, das ich am Tag seiner Geburt gesprochen habe, an jedem Tag meines Lebens wiederholen.

Zum Nachdenken

Gott kann unendlich viel mehr an uns tun,
als wir jemals von ihm erbitten oder
uns ausdenken können. So mächtig ist die
Kraft, mit der er in uns wirkt.
Epheser 3,20

Bestätige, o Herr, dein Wort,
dieses himmlische Wort der Gewissheit;
du hast es gegeben, ich habe es zu meinem
eigenen gemacht,
glaubte, dass ich es sehen würde.

Und doch sehe ich nichts.
Der, für den dieses gute Wort
in deiner großen Liebe gekommen ist,
wandert immer noch umher und die Angst
hat genügend Raum, sich zu bewegen.

O Gott der Hoffnung,
wie weit dieser Wanderer auch von jedem
Wunsch entfernt ist,
dein Versprechen brichst du nicht;
niemals sind deine Tröstungen nur Träume.
Amy Carmichael

Carols Gebet

Ich habe heute daran gedacht, Herr, wie es war, als meine Schwester und ich noch kleine Mädchen waren, und wie wir uns damals noch ein Bett teilten. An diesem Bett saß unsere Mutter, um uns Geschichten aus der Bibel vorzulesen, und dort sprachen wir unsere Gebete. In diesem Bett haben wir an manchen Abenden zusammen getobt und manchmal haben wir vor lauter kindlichem Ärger geweint. Oder wir lachten zusammen, bis Papa sich unten an die Treppe stellte und zu uns heraufrief, dass wir jetzt schlafen sollten. Es war der Ort, an dem wir über dich gesprochen haben, Herr. Wo wir uns Fragen stellten und anfingen, dich zu lieben.
Und dann kam der Tag, an dem dieses Bett aus unserem Zimmer verschwand und wir dafür zwei nagelneue Betten bekamen. Wir fühlten uns so erwachsen und waren so aufgeregt. An diesem Abend mussten wir ein bisschen lauter sprechen als sonst, damit wir uns quer durch den Raum verstehen konnten.
Aber als die Jahre vergingen, wurde mir klar, dass es noch eine bedeutendere Trennung zwischen uns gab, und ich erinnere mich an den ersten Schock, als mir bewusst wurde, dass es nicht mehr länger unser Glaube war, sondern nur noch mein Glaube.
Auf einmal unterschieden wir uns voneinander wie noch nie zuvor. Der Kern meines Seins, das, was mir am kostbarsten war – das Wissen, dass du mich liebst –, war nun etwas, was sie nicht mehr mit mir teilte, etwas, aus dem sie »herausgewachsen« war, wie sie sagte.
Wir haben ein so enges Verhältnis. So viel ist inzwischen geschehen – schwere Zeiten und schöne

Zeiten – und meistens sind wir gemeinsam durch sie hindurchgegangen. Aber es reicht nicht, Herr.
Ich möchte sie zurück, Herr. Ich wünsche es mir so sehr. Ich möchte, dass sie weiß, wie es ist, von dir geliebt zu werden und deine Vergebung zu haben.
Ich möchte, dass sie auf der sicheren Seite ist, dass sie geheilt ist und zu einem Ganzen gemacht wird. Ich möchte, dass sie dich liebt.
Es tut weh. Ich bin so wütend und enttäuscht und fühle mich so schuldig ... und es ist beängstigend, dass sie immer noch so weit weg von dir zu sein scheint. Es ist schwer, weiter im Glauben zu beten, Herr.
Sei mit ihr, Herr. Sie ist meine Schwester.
Bringe sie bald nach Hause.

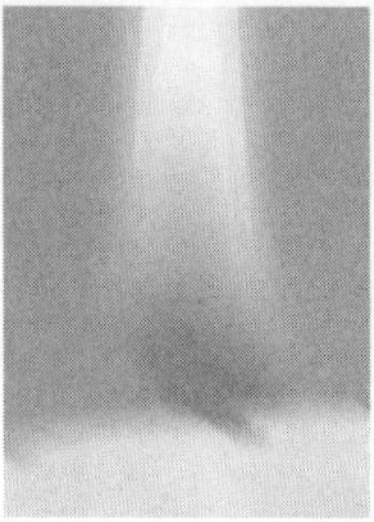

Kapitel 8

Die Verlorenen »nach Hause beten«

Es war am 14. März 1998. Dianne und ich wurden gebeten, im *National Exhibition Centre* in Birmingham bei einer Veranstaltung zu dem Thema »Die Rückkehr der verlorenen Söhne und Töchter« zu sprechen. Als wir dort ankamen, wussten wir, dass dieser Samstag ein Tag des Gebets sein würde. Tausende von Menschen aus ganz Großbritannien kamen, um Gott zu bitten, sich in seiner Barmherzigkeit zu den Verlorenen auszustrecken und sie zurückzubringen. Was wir *nicht* wussten, war, dass wir etwas erleben würden, was unser Leben für immer berühren würde.

Nach einer Zeit der Anbetung und des persönlichen und gemeinsamen Gebets lud der Veranstalter die Leute ein, sich an einer besonderen Petition zu beteiligen. Ein riesiges, über fünf Meter hohes Kreuz war im Zuschauerraum in der Nähe der Bühne aufgestellt worden. Auf einem Tisch neben dem Kreuz lagen Kugelschreiber und kleine rechteckige Zettel. Die Leute wurden eingeladen, nach vorne zu kommen, die Namen der Verlorenen aufzuschreiben, die ihnen auf dem Herzen lagen, und die Zettel anschließend vor dem Kreuz niederzulegen. Dann wurden sie gebeten, sich in die Nähe des Kreuzes zu stellen und für diese Menschen zu beten.

Massen von Leuten gingen nach vorne. Nach ungefähr zehn Minuten wandte sich einer der Leiter an das Rednerteam auf der Bühne mit der Bitte, ebenfalls an das Kreuz zu treten und mit denen zu beten, die dort standen. Ich habe sehr oft in meinem Leben bei solchen Veranstaltungen mit Leuten gebetet und ich kann nicht sagen, dass ich irgendetwas Ungewöhnliches fühlte, als ich von der Bühne hinunter in den Zuschauerraum ging.

Aber beim Anblick dessen, was sich neben dem Kreuz abspielte, stockte mir der Atem. Hunderte von Zetteln, die mit Namen beschriftet waren, lagen um das Kreuz herum. Die Menschen brachten diejenigen vor Gott, die ihre Herzen gebrochen hatten: Ehemänner, Ehefrauen, Freunde, andere Verwandte – aber meistens waren es die eigenen Kinder. Plötzlich fing ich an zu weinen. Durch meine Tränen konnte ich die Namen nur noch verschwommen lesen. Ich versuchte, mir die Geschichten vorzustellen, die sich hinter diesen Namen verbargen; welcher Schmerz sich hinter der schlichten Karte verbarg, auf der stand: »Betet für Tom, dafür, dass er nach Hause kommt.« Ich konnte einfach nicht aufhören zu weinen. Es war so, als läge der Schmerz der Welt am Fuß des Kreuzes. Und überall um mich herum beteten die Leute. Sie beteten dasselbe Gebet immer wieder: »Herr, bring die Verlorenen heim.«

Für mich war dies ein wahrhaft übernatürliches Ereignis, gefüllt mit unglaublicher Kraft, und als ich darüber nachdachte, warum das so war, kam mir eine mögliche Erklärung. Wenn diejenigen, die um die Verlorenen weinen – und besonders die Eltern der verlorenen Kinder –, für sie beten, haben sie oft einen wundervollen Vorteil: *Sie sind demütig.* Diese Männer und Frauen haben Herzen, die gebrochen wurden; sie haben gelernt, dass kein noch so intelligenter Mensch und auch kein Buch oder Seminar die Antwort auf ihre Gebete hat. Sie sind völlig abhängig von Gott.

Ich glaube, Gott möchte, dass wir uns unsere Abhängigkeit von ihm bewusst machen. Und wenn wir uns seiner Gnade völlig ausliefern – denn es gibt keinen anderen Ort, an den wir gehen können –, dann hört er unsere Gebete. Ich kann Ihnen nicht versprechen, dass Ihre Gebete so erhört werden, wie Sie sich das vorstellen, aber ich weiß, dass, wenn wir erkennen, dass Gott unsere einzige Hoffnung ist, es keinen besseren Ort gibt, an dem wir uns aufhalten können.

> *Wenn dann dieses Volk ... zu mir betet und von seinen falschen Wegen wieder zu mir umkehrt, dann werde ich im Himmel sein Gebet hören.*
> 2. Chronik 7,14

Es ist von großer Bedeutung, dass an diesem denkwürdigen Tag Menschen die Namen ihrer Verlorenen zum Fuß des Kreuzes brachten. Das Kreuz Christi ist das größte Rätsel der Welt. Es ist einerseits der Ort der offensichtlichen Niederlage und andererseits der Ort des unwiderlegbaren Sieges. Es ist ein Ort der Tränen und birgt doch den Samen grenzenloser Freude in sich. Das Kreuz Christi erinnert uns daran, dass die

Dunkelheit des Karfreitags der Freude des Ostersonntags weichen muss.

Und es gibt keinen besseren Ort, wo wir unsere Verlorenen hinbringen können, als zum Fuß des Kreuzes. Wenn wir mit demütigen Herzen beten, geben wir zu, dass wir keine Antwort haben, dass schmerzhafte Erinnerungen uns quälen und dass wir vielleicht nur einen kleinen Glauben haben, und doch befehlen wir Christus die an, die wir lieben, und bitten ihn, dass er sie in seiner Gnade nach Hause bringt.

Wir befinden uns alle auf einer Reise, ob wir nun die Verlorenen sind oder diejenigen, die für ihre Rückkehr beten. Sie und ich waren gemeinsam in diesem Buch auf einer Reise. Dieser Weg hat uns zum Kreuz geführt. Ich schlage Ihnen vor, dass Sie sich irgendwann in nächster Zeit einen ruhigen Ort suchen und die Namen Ihrer Verlorenen vor das Kreuz bringen.

Die Menschen, die das an diesem Tag in Birmingham getan haben, schrieben die Namen auf ein Papier und ließen dieses dann am Kreuz zurück. Das war aus zwei Gründen sehr bedeutsam: Der erste war, dass wir irgendwie lernen müssen, diejenigen, die wir lieben, in die Hände Gottes zu legen; Der zweite Grund war, dass wir, als die Veranstaltung zu Ende war, alle aufgefordert wurden, zwei oder drei »fremde« Zettel mit nach Hause zu nehmen und für die Personen, deren Namen darauf standen, zu beten. Und so hat jeder von uns angefangen, die Lasten des anderen zu tragen und die Verlorenen ihrer Mitmenschen vor Gott zu bringen.

Vielleicht möchten Sie dasselbe tun – die Namen derjenigen tatsächlich aufschreiben, für die Sie beten und die Sie vor Gott gebracht haben, und sie dann jemand anderem geben, der verspricht, für sie zu beten. Vielleicht werden sich dann in den Gemeinden überall im Land kleine Gruppen treffen, um für diese lieben Menschen zu beten.

Fürchte dich nicht, denn ich bin bei dir! Von dort, wo die Sonne aufgeht, hole ich dich zurück; von dort, wo sie untergeht, bringe ich die Zerstreuten meines Volkes zusammen. Zum Norden sage ich: »Gib sie heraus!«, und zum Süden: »Halte sie nicht zurück!« Zu den Enden der Erde sage ich: »Lasst meine Söhne und Töchter aus der Fremde heimkehren!«
Jesaja 43,5–6

Es stimmt zwar, dass es in dem Gleichnis, über das wir nachgedacht haben, um einen Vater und sein Kind geht, aber Ihr Verlorener ist vielleicht ein Bruder oder eine Schwester, ein Ehemann, eine Ehefrau, ein Freund oder – in seltsamer Umkehrung des Gleichnisses – eine Mutter oder ein Vater. Doch wer auch immer sie sind und wo auch immer sie sind, denken Sie daran, dass Gott Ihre Verlorenen sogar noch mehr liebt, als Sie das tun.

Hören Sie nie auf zu beten. Geben Sie niemals auf. Und lassen Sie immer ein Licht brennen.

»Das Kreuz Christi ist das größte Rätsel der Welt. Es ist einerseits ein Ort der offensichtlichen Niederlage und andererseits ein Ort des unwiderlegbaren Sieges.

... Und es gibt keinen besseren Ort, wo Sie Ihre Verlorenen hinbringen können, als zum Fuß des Kreuzes.«

Ein Gebet für die Verlorenen

Herr, du allein weißt, wo unsere Verlorenen sind –
nicht nur, wo sie sich körperlich aufhalten, sondern
auch, wo sie in ihrem Herzen, ihren Gedanken
und in ihrem Geist sind.
Keiner von uns kann sich vor dir verstecken und
wer ist verloren, den du nicht finden könntest?

Wir beten für sie. Herr, bring sie nach Hause –
nicht nur zurück zu uns,
nicht einmal zuerst zu uns, sondern zu dir.
Vergib uns, wenn wir es ihnen als Eltern, Freunde
oder Gemeinden
leicht gemacht haben zu gehen und vielleicht sogar
noch schwerer zurückzukommen.

Wo auch immer sie sind und was auch immer sie tun,
rühre du ihr Leben an. Und wenn sie nach Hause
kommen, gib uns den Geist des Vaters und
nicht den des älteren Bruders.

Und, Herr, einige von uns haben nach außen hin
niemals das Vaterhaus verlassen, aber wir
wissen selbst, wie weit wir uns entfernt haben.
Bring auch uns zurück.

Und wenn sie zurückkommen, diejenigen,
die sich weit entfernt hatten, und die,
die in der Nähe umhergeirrt sind,
dann lehre uns alle,
dass wir in deinem Reich manchmal nicht
eine weitere Zusammenkunft brauchen –
– sondern ein Fest.